国際協力入門

平和な世界のつくりかた

山田 満
Mitsuru Yamada

玉川大学出版部

はじめに

私は長年教育に従事してきました。中学・高校教員で11年間、短大、大学、大学院と本書が出版される頃には40年間の教師生活になります。実は勤務した大学の1つが教育学部でした。そこで教職科目も担当し、教員を養成する立場も経験することもできました。

また、学習指導要領も改訂が繰り返されてきましたが、2022年度から高等学校学習指導要領にしたがって、探求的な学習が導入されることになりました。要するに、一方的な知識の習得から、むしろどのように知識を活用するのか、さらに複雑化していく社会の中で皆さん自身がどのような問題解決を探求していくのかという学習内容になります。もちろん、大学入試も指導要領に応じて、出題の仕方も変わっていくものと思います。

この流れは21世紀に入り、グローバル化時代を迎えている私たちには当然の改革だといえます。むしろ遅れた導入ではないでしょうか。さて、本書で私が最も意識したことは、いうまでもなく各章に設けた課題研究です。言い方を換えると、いかに直面する問題を自ら、あるいは仲間との協働で解決していくのか。そのような「解答のための思考作法」を身につけてほしいという問題意識こそが、本書の根底にあります。

本書は第1章から第8章まであります。最後に「おわりに代えて」で読者の大半がすでに有権者として自らの1票を持ち、国際社会・国内社会を変えられるのだという意識を持ってもらうことを訴えています。各章はそれぞれ広い意味で「平和をいかにつくるのか」という問題意識で構成されています。現在の国際社会の平和、つまり私たちの安全や安心を脅かしているのは、紛争や戦争、貧困と格差、環境破壊と自然災害、人身売買・取引・子ども兵士などの人権侵害などです。これらの解決には地球公共財としての平和、開発、環境、人権が背景にあります。

本書ではこれらの問題を踏まえていかに私たちは解決に取り組むのかを政府開発援助（ODA)、人間の安全保障、ベーシック・ヒューマン・ニーズ（BHNs)、さらには本書に通底する持続可能な開発目標（SDGs）などを思考作法の枠組みとして扱ってみました。しかしながら、繰り返しになりますが、あくまでこれらの問題を本質的に解決するためのアクターは、皆さん一人ひとりの役割、発信力であることは言うまでもありません。

各章のまとめを活用し、さらに「新しい研究課題の設定に向けて」を踏み台にして、自らの問題意識を高め、自らの分析能力を深めるうえで、ぜひ友人などとのグループ討論を行ってください。皆さんが、身についた課題解決能力をより良い社会への創造に向け、責任ある有権者として発信することを強く期待しています。

著　者

『国際協力入門――平和な世界のつくりかた』

目　次

第1章
「戦争」や「紛争」は なぜ起きるのか

1 最初に武力紛争に対する問題意識を高めましょう！

本書を執筆している時点（2023年）で、ロシアによるウクライナ侵攻が続き、テレビやソーシャルメディアのニュースを通じて、戦争が引き起こす悲惨な状況を知り、皆さんも心を痛めていることと思います。

逃げ惑う民間人、子どもやお年寄り。家族と別れて戦争に兵士として向かう人たち。破壊された集合住居、地下室を防空壕として避難する人たち、食料が尽きて空腹状態の人たち。戦火の中、水汲みに行く人たち。無法状態の中、兵士に性的暴力や拷問を受ける人たち、孤児になった子どもたちが人身売買の被害にあうなど……

今回のロシアによるウクライナ侵攻は、冒頭に書きましたように、通常のテレビメディア以外にもX（旧ツイッター）、フェイスブックなどのソーシャルメディアを通じて、刻一刻と遠い世界に住む私たちにも伝わってきます。

ロシアとウクライナは「戦争」をしています。皆さんは歴史の授業で多くの「戦争」を勉強してきました。第一次世界大戦や第二次世界大戦のように多くの国家を巻き込み、大規模な民間人の犠牲をともなった戦争もありました。これらの世界大戦は国家間の戦争でもありました。また、第二次世界大戦後には、自由主義・資本主義と社会主義・共産主義というイデオロギー（政治・社会思想）の違いで、アメリカ合衆国と当時のソビエト社会主義共和国連邦（ソ連）が主導する二つの陣営で、両国が直接戦争すること（熱戦）がない「冷たい」戦争（東西の冷戦）も長く続いていました。

もちろん、もし両国が戦争をした場合は、第三次世界大戦になり、両国は核兵器を使うことで地球は壊滅、いやすべての人類が生き残ることはできなかったかもしれません。1962年のキューバ危機といわれた米ソの深刻な対立は世界を震撼させました。唯一の被爆国の国民である日本人は核兵器の恐ろしさを実際に体験したこともあり、両国の戦争回避を祈るばかりでした。しかしその一方で、冷戦の時代にあっても、ベトナム戦争のような両大国の代理戦争は存在していました。

1989 年 11 月に冷戦構造の象徴的存在であった東西ドイツを分け隔てていたベルリンの壁が市民らの手で破壊されました。89 年末に地中海のマルタ島沖で、当時のブッシュ・アメリカ大統領とゴルバチョフ・ソ連共産党書記長は冷戦終結を宣言しました。また、1990 年 10 月には 49 年以来分断されていた東西ドイツが統一されました。ソ連を形成していた 15 の共和国内で共産党の影響力は低下し、あるいは崩壊し、各国では民族紛争が表面化します。そこで、まずラトビア、リトアニア、エストニアのバルト三国が独立を宣言しました。

1991 年 6 月にはソ連の中心的な共和国であったロシア共和国でも共産党一党独裁が倒れ、複数政党制が導入されました。12 月にロシア連邦・ウクライナ・ベラルーシの 3 共和国が「独立国家共同体（CIS）」を創設し、ソ連は消滅することになったのです。CIS は 1993 年からはバルト三国以外の 11 カ国で形成されましたが、のちにグルジア（現ジョージア）がロシアとの紛争後に脱退しています。CIS は現在あまり国際機構としての役割は果たしていません。むしろ加盟国の独自路線が強くなっています。

例えば、ロシアのウクライナ侵攻の理由に、ベラルーシを含めた 3 カ国がもともと兄弟国（東スラブ人の国家）であるというような理由が述べられています。ロシアの侵攻の理由に、ウクライナにはロシア人が少数派として居住する地域が存在していることもあります。プーチン・ロシア大統領がたびたび言及する、ウクライナに居住するロシア系住民に対するウクライナからの弾圧の救済がウクライナ侵攻の理由であるという発言の背景です。

2 「戦争」や「紛争」の定義とは。冷戦後の世界でどのくらいの数の武力紛争が起きているのか

武力紛争の定義については、「平和学の父」と呼ばれるノルウェー出身のヨハン・ガルトゥングが設立したオスロ国際平和研究所編集の学術誌『平和研究ジャーナル（*Journal of Peace Research*）』を参考にしてみましょう。同誌（2015年発行）掲載のピータソンとウォールンスティーン共著の論文「武力紛争：1946-2014」では、スウェーデンのウプサラ大学の紛争データプログラム（UCDP）を利用して第二次世界大戦後から2014年までの戦争や紛争の分析をしています。

UCDPの定義によると、①政府を握るための武力紛争、②領土獲得のための武力紛争、③その両方を理由に、2つの対立集団間で、年間少なくとも25人以上の戦死者が出ている武力紛争があると述べています。また、この場合の2つの集団の一方が政府軍になります。

さらに詳しく武力紛争を次の3種類に分けています。まずⓐ2つあるいはそれ以上の国家間の武力紛争です。次にⓑ政府軍と特に国外の軍隊が介入した国際化された反政府軍との武力紛争です。最後にⓒ政府軍と国内の反政府軍との国内での武力紛争に分けています。

また、紛争の強度によって小規模武力紛争と戦争の2つに分けています。前者は年間戦死者数が少なくも25人以上であるが1000人は超えないもの、後者は少なくとも年間1000人を超える戦死者を出す武力紛争を指しています。要するに、UCDPの定義では年間の戦死者数が25人を超えると武力紛争になりますが、その中でも特に1000人を超える大規模な武力紛争を「戦争」と呼んでいることがわかります。改めて**図1-1**でまとめてみます。

紛争要因：① 政府の獲得、② 領土の獲得、③ 政府および領土の両方の獲得

⇧

武力紛争

強度：　小規模紛争 ➡ 戦死数数：25 人から 1000 人未満
　　　　戦争 ➡ 戦死者数：1000 人以上

⇩

武力紛争の類型：

ⓐ 2 カ国以上の国家間の武力紛争

ⓑ 政府軍と外国軍隊を巻き込んだ反政府軍との国際化された国内の武力紛争

ⓒ 政府軍と反政府軍との国内での武力紛争

図 1-1　ウプサラ大学紛争データプログラム（UCDP）の武力紛争の定義

このUCDPの武力紛争の定義を使って、いくつかの武力紛争の類型を上述の論文から拾ってみます（表 1-1）。論文では 1946 年から 2014 年までの武力紛争を扱っていますが、とりあえず 2014 年まで継続していたものの中で、よく知られている数例を取り上げてみます。

表 1-1 内の反政府集団／対立国家の欄を改めて確認してみると、2014 年段階の武力紛争のほとんどがテロリスト集団によるものであることがわかります。わずかにカシミール紛争だけがインドとパキスタンとの間で起きている武力紛争になります。ただカシミール地方の帰属問題をめぐっては 1947 年や 65 年にも衝突が起きており、その後も断続的に衝突が起きています。また、両国は核不拡散条約（NPT）未加盟の核保有国になっています。

シリア紛争は、戦死者数からいえば「戦争」に位置づけられますが、ア

表 1-1　UCDP の定義に基づく 2014 年まで継続した具体的な武力紛争の類型

武力紛争地	紛争要因／類型	反政府集団／対立国家	発生年	戦死者数（平均数値）
イラク	①／ⓒ	イスラム国（ISIS）	2004–14	12,598
シリア	③／ⓑ	反アサド政権等	2011–14	53,948
アフガニスタン	①／ⓒ	タリバン	1978–14	12,311
カシミール	③／ⓐ	インド対パキスタン	2014	37
フィリピン	②／ⓒ	アブ・サヤフ	1993–14	280
ソマリア	①／ⓒ	アル・シャバーブ	2006–14	1,140
アメリカ	①／ⓒ	アルカイダ	2001–14	103

サド政権（政府）と反アサド（反政府）集団との国内の武力紛争です。ただ、紛争要因／類型でⓑに属しているのは、内戦に外国軍が深く関与した武力紛争になっているからです。シリアの内戦に至る最大の契機には、中東・北アフリカで起きた一連の民主化運動である「アラブの春」が大きな影響を及ぼしました。40 年以上にわたる独裁政権を続けていたアサド大統領に対する抗議運動が反政府軍として隣国を巻き込んで内戦へ発展していったのです。

【課題研究 1-1】

以下の 3 つの武力紛争はどのような紛争要因／類型でしょうか。皆さん自身で調べてみましょう。なお、残念ながら死者数は増大しており、皆さんが調べた時点での数を記載してください。

武力紛争地	紛争要因／類型	反政府集団／対立国家	発生年	戦死者数（平均数値）
ウクライナ戦争			2022 年 2 月	
ミャンマー紛争			2021 年 2 月	
スーダン紛争			2023 年 4 月	

3 「戦争犯罪」とは何か

ウクライナのゼレンスキー大統領をはじめ、ロシアの軍事侵攻に批判を強めるアメリカ、ヨーロッパ諸国、日本などは、プーチン大統領を含むロシア軍の「戦争犯罪」について国際刑事裁判所（International Criminal Court：ICC）に訴えていましたが、ついに2023年3月に占領地から違法に子どもを連れ去った戦争犯罪に関与した容疑者として、プーチン大統領に逮捕状が出されました。すでにICCの調査が入っており、2022年度のノーベル平和賞は独自に戦争犯罪の調査を行っている人権団体などに授与されました。ICCに訴えられた戦争指導者はプーチン大統領以外にも存在します。2023年4月現在混乱しているスーダン国内ですが、2003年のスーダンにおけるダルフール紛争では約30万人といわれるアフリカ系スーダン人に対する大量虐殺行為が行われ、その関与でバシル元大統領に逮捕状が出されました。政権が代わり2021年8月にスーダン政府はICCに引き渡しを決定しました。

それではここで問われる「戦争犯罪」とはどのような犯罪なのかを確認しておきましょう。戦争犯罪を審査する常設の裁判所がICCになります。国際連合（国連）には、主要機関の1つとしてオランダのハーグに国際司法裁判所（International Court of Justice：ICJ）があります。「世界法廷」として位置づけられ、その役割は国家間の領土紛争などの法的な解決を目的としています。それに対して、個人に対する裁判を行うのがICCです。ICJと異なり、法律的にも機能的にも国連から独立した存在です。

さて、ICCではどのような個人の犯罪を問うのでしょうか。国連広報センターの紹介文によると、常設の裁判所として国際社会全体が関心を抱く重大な犯罪を裁くとあります。具体的には、集団殺害犯罪、人道に対する犯罪に加えて戦争犯罪が含まれ、2017年からは侵略犯罪も含まれています。1998年の「国際刑事裁判所ローマ規程」で設立され、2002年7月1日に発効しています。締約国は2016年11月現在124カ国ですが、ただ国連安全保障理事会（安保理）常任理事国5カ国のうち、アメリカ、ロシア、中国が含まれていません。

ICCローマ規程の第2部第5条に裁判所の管轄権の範囲内にある犯罪として、上述の4つの犯罪が指定されています。条文からより具体的な内容を確認してみましょう。まず第6条が集団殺害犯罪を規定しています。「国民的、民族的、人種的または宗教的な集団の全部または一部に対し、その集団自体を破壊する意図をもって行う」犯罪行為です。要するに、当該の集団構成員の殺害、身体または精神に対する重大な害、それらを意図した生活条件を故意に課す行為、当該集団内部の出生を故意に妨げる措置、最後に当該集団の児童を他の集団に強制移動させることが含まれています。最後の一文が先ほど述べたプーチン大統領への「戦争犯罪」行為の根拠となっていることがわかるはずです。

次に第7条の人道に対する犯罪です。「文民たる住民に対する攻撃であって広範または組織的なものの一部として、そのような攻撃であると認識しつつ行う」犯罪行為です。第1項には11の項目が記載され、順番に殺人、絶滅行為、奴隷化、住民追放または強制移送、基本的人権を損なう拘禁や自由の剝奪、拷問、強姦や強制売春などの性的暴力、上述の集団殺害犯罪に通じる迫害行為、人の強制失踪、アパルトヘイト犯罪、非人道的な行為に基づく身体や心身の健康への重大な傷害などが含まれています。これらの多くがロシアの「戦争犯罪」に該当しますね。

また第8条は戦争犯罪についてです。「裁判所は、戦争犯罪、特に、計画もしくは政策の一部としてまたは大規模に行われたそのような犯罪の一部として行われるものについて管轄権を有する」とあります。まず「管轄権」とは権限が及ぶ範囲を指します。この規程に基づいて具体的な戦争犯罪行為を詳しく示しています。要点を列挙してみますと、第1に、1949

年8月12日のジュネーブ諸条約に対する重大な違反行為です。それは、条約に基づく保護される人や財産に対する違法行為を指しています。

殺人、拷問や非人道的な待遇（生物学的な実験を含む）、身体や健康に故意の重い苦痛や傷害を加えること、正当化されない不法や恣意的な財産の広範な破壊や徴発、捕虜やその他の被保護者に対する敵国軍隊への強制的な服務、同様に公正な裁判を受ける権利の剥奪、不法な追放や移送・拘禁（一定の場所に閉じ込める行為）、最後に人質をとることを挙げています。さらに2項以降に詳しい具体的な戦争犯罪行為の説明がなされています。

第8条の2にローマ規程の追加条文として侵略犯罪が述べられています。「国の政治的または軍事的行動を実効的に支配または指揮する地位にある者による行為であって、その性質、重大性及び規模により国際連合憲章の明白な違反を構成する侵略行為の、計画、準備、開始または実行をいう」と第1項で述べられています。

ローマ規程は第12部第128条という条文で構成されています。要するに、国際社会は、前文で書かれているように、「20世紀の間に多数の児童、女性及び男性が人類の良心に深く衝撃を与える想像を絶する残虐な行為の犠牲者となってきた」のであって、重大な犯罪が世界平和、安全や福祉を脅かしてきた。それゆえに、これらの犯罪行為者への刑事罰の必要性が求められたのです。

法律の条文は少し難しかったでしょうか。でもきっと今回のロシアのウクライナ軍事侵攻をはじめ、なぜ「戦争犯罪」の責任が追及されているのかが理解できたはずです。残念ながら、戦争犯罪は21世紀に入っても続いています。戦争犯罪を理解するうえで、私たちが持っている基本的人権、人間としての尊厳や価値、男女や大小国が有する同じ権利を確認することが重要になります。これらの権利はICCローマ規程の基本になる国際連合憲章、また何よりも私たちが生活するうえで基本となる日本国憲法にも書かれている権利なのです。したがって、私たちは「戦争犯罪」を決して許してはいけないのです。

【課題研究 1-2】

(1)「戦争犯罪」とは何かを理解したことと思います。それでは 21 世紀に起きている武力紛争を取り上げて、どのような「戦争犯罪」行為が含まれているのかを調べてみましょう。

(2) 第二次世界大戦後に発効した国際連合憲章の前文と第 1 章の「目的及び原則」を確認し、国際社会が目指す平和と安全について考えてみましょう。あわせて、日本国憲法の前文も確認してみましょう。

4 「エスニック紛争」とは何か

戦争のような大規模な国家間の武力紛争では領土や資源の獲得を目指す場合が多いです。また、正統な政府の樹立を主張して国内紛争が起きる場合もあります。1989 年に冷たい戦争（冷戦）といわれた当時のアメリカとソ連がそれぞれ主導したイデオロギーの対立が終わって、世界は平和な時代の到来を期待したのですが、エスニシティに基づく紛争が多発し、エスニシティを共有する国境を超えた地域紛争も拡大していきました。

皆さんは「エスニック料理」「エスニック・ファッション」などの言葉は聞いたことがあるかと思います。「エスニシティ」は国籍を超えた文化、言語、宗教、あるいは歴史の共通性を持った集団の属性（本来有する根本的な性質や特徴）を意味します。したがって、エスニック・グループとはそれら属性を持った集団を指しますが、民族や人種などで置き換えることもあります。「エスニック紛争」とは上述の属性の異なる民族間の紛争になるわけです。

なぜ冷戦後の世界にエスニック紛争が多発したのでしょうか。もともと多くの発展途上国の国境線は、かつてのヨーロッパ植民地宗主国が他の宗主国との関係で恣意的に引いたもので、本来該当する地域に存在していたエスニック・グループの分布とは異なったものでした。地域によっては当該地にはいくつかの王国なども存在していたのです。その結果、植民地時代の国境線に起因する紛争が、現在においても深刻な影響をもたらしているのです。

例えば、1960年にアフリカ大陸で17の独立国家が誕生しました。それを「アフリカの年」と呼んでいます。国連憲章の第1章にも記載されていますが、民族自決を尊重する国際社会の動きの中で植民地解放政策のもと植民地独立付与宣言が採択されて多くの独立国家が誕生したのです。しかしながら、民族自決、すなわち政治体制や特定の組織への所属を自らの意向で決定する権利を獲得した独立国家となったものの、実際は多民族からなる国家（マルチ・エスニック・ステイト）として国内外からの複雑な要因が絡み合っていました。

私たちは「国」あるいは「国家」という表現を日常的に使いますが、正確に言えば「主権国家」であり、「国民国家」を指しています。主権国家は、中世末期以降にローマ教皇や神聖ローマ帝国の権威が衰退し、17世紀半ばのウェストファリア条約を契機に登場した、他国の干渉を受けずに一定の領域（領土）、領民（国民）を有する独立した国家のことを指します。また、国民を主権者として成立した近代国家を国民国家と呼びます。その場合、領域内の人びとが言語、生活様式、法制度などで一体感を持ち、人びとが自らの国家を持ちたいと思ったときに国民国家へと発展していったわけです。現在、多くの主権国家はその集合体である国連加盟国であり、また私たち自身も主権を有する国民国家の一員となっています。

ところで、国際社会を構成する国民国家をみると、実は「国民」が１つの民族（エスニック・グループ）で構成されている事例はほとんどありません。日本を含めてほとんどの主権国家は多民族・多言語・多宗教・多文化など複数のエスニシティを持った民族で構成される多民族国家です。したがって、これら複数の民族（エスニック・グループ）が自らの意思で１つの国民国家を形成したのであればエスニック紛争は起こらないのですが、そうではなく、もし自らの民族を中心に国民国家をつくりたいと思えば、他民族との対立が生じ、紛争が起きることもあります。あるいは民主主義国家では住民投票を行って分離独立を求めることもあります。

すでに確認したように、「政府獲得」のための紛争は、自らの民族が主体の国民国家形成への意欲が背景にあります。話は戻りますが、植民地時代から引き継いだ国境の付近で起きる紛争の多くは歴史的な地域の事情を無視した旧宗主国の植民地支配が強く影響しています。1960 年のアフリカ植民地独立付与宣言には「政治的、経済的、社会的または教育的準備が不十分なことをもって、独立を遅延する口実としてはならない」いう条文があります。

要するに、独立後の国家建設が困難で脆弱《ぜいじゃく》であろうと容易に想定されていても、まずは独立を尊重しなければならないという条文です。そうなると、国家を構成する複数の民族間の合意がなされた独立ではない可能性も十分に考えられます。それゆえ、困難な国家建設の過程で新たな対立や再編に向けた武力紛争が容易に起きることが想定されます。これがアフリカ諸国における紛争が絶えない理由の１つです。

このような状況はアフリカ諸国のみならず、アジアなど他地域の途上国においても同様です。しかし実は、民主主義国家においても国民国家の再編を求める動きがあります。例えば、私たちが呼ぶ「イギリス」という国があります。しかし正式名は「グレートブリテン及び北アイルランド連合共和国 (United Kingdom of Great Britain and Northern Ireland)」で、UK と略します。

要するに、11世紀のアングロ・サクソン人による統一国家がイングランドであり、のちにウェールズ、スコットランド、アイルランドが併合された国民国家なのです。2014年にスコットランドで行われた独立をめぐる住民投票を知っていますか。結果的には、UK残留派が多数になりましたが、スコットランドのみならずウェールズなどからも独立を求める住民投票の実施が求められています。

【課題研究 1-3】

世界の国々の多くは多民族（マルチ・エスニック）で構成される国民国家です。一民族・一言語・一文化・一宗教などで構成されている国民国家はほとんど存在しません。それではもし単一民族国家であれば紛争は起きないのでしょうか。また、多民族で紛争が起きる国民国家と、紛争が起きない国民国家との違いは何でしょうか。その理由を考えてみましょう。

5 武器ビジネスと武力紛争との関係

皆さんは「軍産複合体（Military Industry Complex）」という言葉を知っていますか。陸軍士官学校出身のドワイト・D・アイゼンハワー第34代アメリカ大統領が離任演説で、軍部と産業界との強固な関係として「軍産複合体」の存在を指摘し、それにより民主政治が阻害される要因になっていると述べたのです。政府が軍との関係で新しい兵器を開発し、軍事産業を発展させ、軍事製造部門における雇用を促す。近年は、兵器開発という国防政策や選挙資金への見返りを通じて政治家との関係を深め、さらに大学などの研究機関との連携で、研究資金の供与や人事の交流も進めるという、まさに「軍産学政複合体」へと拡大しているのではないかという議論もあります。

ストックホルム国際平和研究所（SIPRI）のデータベースを利用してまとめた通常兵器生産国の輸出割合をみてみましょう（**表 1-2**）。なお、単位は 100 万 TIV です。TIV は SIPRI の独自の価格単位で、通常兵器の移転に関する販売価格ではなく生産コストなどに基づいて見積もられた評価額を示しています（『世界国勢図会 2022/23』）。

表 1-2 の通常兵器の輸出国の順位をみると、国連安保理常任理事国の 5 カ国で、輸出総額の 75.4%を占めていることがわかります。安保理の任務は国連憲章第 24 条の中に「国際の平和及び安全の維持に関する主要な責任」であると述べられています。しかし、ここまで皆さんに考えてもらった武力紛争で使用されている兵器は、実はこれら常任理事国で生産されてきたものであるといっても過言ではないでしょう。

例えば、通常兵器輸出国の上位 2 カ国であるアメリカとロシアの輸出先を確認してみましょう。やはり 2017 年から 2021 年までの総計での割合（%）になりますが、アメリカの輸出先は、サウジアラビア（24.4）、オーストラリア（9.4）、韓国（6.8）、日本（6.7）、カタール（5.4）、イギリス

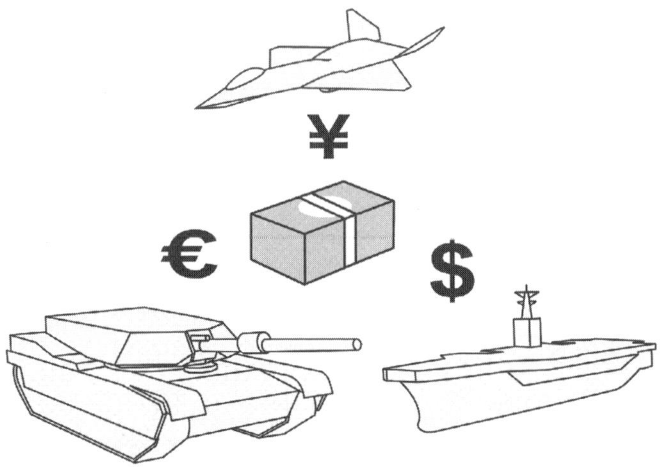

表 1-2　通常兵器輸出国の輸出割合（2017 ～ 21 年の合計）

国名	額（100 万 TIV）	割合（%）
アメリカ合衆国	52,502	38.6
ロシア	25,293	18.6
フランス	14,490	10.7
中国	6,270	4.6
ドイツ	6,152	4.5
イタリア	4,185	3.1
イギリス	3,992	2.9
その他	23,138	19.9
世界総額	136,022	—

(5.0)、イスラエル（4.5)、アラブ首長国連邦（4.4)、その他（34.4）の順位となっています。その一方で、ロシアはどうでしょうか。インド（27.9)、中国（21.1)、エジプト（12.6)、アルジェリア（11.2)、ベトナム（4.0)、その他（23.2）の順位になっています。

アメリカの輸出先は同盟国が多く、ロシアの輸出先はかつての非同盟諸国や共産主義・社会主義国が多いことが特徴的です。ちなみに、日本の同期間の通常兵器の輸入総額は 35 億 TIV 程度ですが、97.5%がアメリカからの輸入となっています。昨今の東アジアでの安全保障の不安定化から防衛費の増額がなされ、日米同盟の観点から外交的にも安全保障上の戦略からも当然アメリカへの依存度は高まっていくことになるでしょう。このように、武器の輸出入先を確認してみると、世界各地で起きている戦争・紛争の国際関係がみえてきます。

例えば、核不拡散条約（NPT）の加盟国は安保理常任理事国の 5 カ国ですが、実は非加盟国の核保有国として、イスラエル、インド、パキスタン、北朝鮮が挙げられます。すでに触れたように、インドとパキスタンは 1947 年以来カシミール地方の領有権をめぐって断続的に戦争が繰り返されています。インドは1975年5月に地下核実験を行い第6番目の核保有国に、また対抗するようにパキスタンは1998年のインドの核実験の数日後に核実験を実施し、第7番目の核保有国になりました。

インド・パキスタン戦争（印パ戦争）の背景には明確な国際関係が存在します。それは兵器輸入先から読み取れます。インドは2017年から2021年までの期間でロシアからの通常兵器輸入の割合が46.0%です。フランス（27.3%）、アメリカ（12.1%）、イスラエル（8.1%）、その他（6.5%）の順位となっています。同期間の全体の通常兵器輸入総額でもインドが第1位です。

それでは同期間のパキスタンはどうでしょうか。圧倒的に中国からの輸入で72.0%です。次がスウェーデン（6.4%）、ロシア（5.6%）、その他（16.0%）となっています。パキスタンの中国依存は兵器輸入にとどまらず、援助においても「債務の罠」（債務の返済に行き詰まり、その結果債権国に利権を認めるような意図的な貸付）に陥るほどの中国依存になっています。他方で、インドは2022年3月の国連総会特別会合でのロシア軍の即時撤退決議、さらに2023年2月のウクライナの平和を求める決議案でも中国や南アフリカとともに棄権しました。もちろんインドの対応はロシアが重要な武器輸入先であり、自国の安全保障上の重要な連携先であることが背景から読めます。

【課題研究 1-4】

アメリカが世界最大の通常兵器輸出国であることは表1-2でもわかります。SIPRIの資料から世界の兵器製造および軍事関連企業をみると、第1位から第5位までアメリカの企業が独占しています。下記の空欄に当てはまる企業はどこでしょうか。下記の順位にふさわしい企業名を入れてみてください（『世界国勢図会 2022/23』472ページ）。

順位	企業名	軍事売上高（100万ドル）		総売上高に対する割合（%）2020
		2019年	2020年	
1		53,230	58,210	89
2		38,421	36,780	65
3		33,580	32,130	55
4		29,220	30,420	83
5		24,500	25,840	68

ボーイング社、ゼネラル・ダイナミクス社、ロッキード・マーチン社、ノースロップ・グラマン社、レイセオン社

第 1 章のまとめ

「子ども兵士」の存在について整理と分析をしてみましょう！

皆さんは「子ども兵士」の存在を知っていますか。国際 NGO のアムネスティ・インターナショナルによると、皆さんと同じ年齢ぐらいの 18 歳未満の子ども兵士は世界各地で 30 万人いると報告されています。

1989 年国連総会で採択された「児童の権利に関する条約（子どもの権利条約）」（外務省訳を利用）の第 1 条に、「この条約の適用上、児童とは、18 歳未満のすべての者をいう」。「ただし、当該児童で、その者に適用される法律によりより早く成年に達したものを除く」という文章が続いています。この後者の規定を「子ども兵士」の観点から補うために、「武力紛争における子どもの関与に関する選択議定書」が 2002 年 2 月に発効されています。

また、「児童の権利に関する条約」の第 38 条第 3 項で「15 歳未満の者を自国の軍隊に採用することを差し控える」と述べながら、「15 歳以上 18 歳未満の者の中から採用するに当たっては、最年長者を優先させるよう努める」と規定されており、軍隊への採用年齢の範囲がぶれています。

そこで選択議定書では、まず 15 歳未満の児童に対する強制的な徴集のみならず志願に基づく編入、敵対行為に積極的に参加させるような行為は「戦争犯罪」であると規定しています。次に、武力紛争への関与から児童を保護する必要性から、上述の「児童の権利に関する条約」第 1 条の後半文章を踏まえて、児童の最善の利益を考慮して、第 1 条で「締約国は、18 歳未満の自国の軍隊の構成員が敵対行為に直接参加しないことを確保するためのすべての実行可能な措置をとる」、第 2 条で「締約国は、18 歳未満の者を自国の軍隊に強制的に徴集しないことを確保する」と規定しています。なお、第 3 条で 18 歳未満の者を採用する場合の厳格な保障措置が示されています。

子ども兵士が存在する国々は言うまでもなく戦争や紛争を抱えている国々です。この章で皆さんとみてきたように社会が安定していない国々です。国際社会では政府が事実上機能していない国を「破綻国家」と呼び、また政府の統治能力が弱く社会が不安定な国を「脆弱国家」と呼んでいます。

国際 NGO のワールド・ビジョンが「子ども兵士」の存在する理由をまとめています。第 1 の理由は、子どもたちが武装勢力に誘拐された場合です。2014 年 4 月にナイジェリアの中学校で女子生徒 200 名が誘拐されました。ナイジェリアには世界で最も過激なテロリスト集団のボコ・ハラムが存在します。誘拐された少年は兵士として、少女は兵士のみならず、他兵士との強制結婚や性的虐待の対象になっています。

第2の理由に、貧困ゆえに家族の生活がままならない国々の存在です。皆さんとすでにエスニック紛争について理解をしました。しかし、貧困ゆえに社会不安が起き、紛争の理由になる場合もあります。かつてコフィ・アナン元国連事務総長は「アフリカの貧困を解決せずして、アフリカの紛争の終わりはない」というような発言をしました。それゆえ、彼は事務総長として国連ミレニアム・サミットを招集し、国連ミレニアム宣言（ミレニアム開発目標：MDGs）を実現させたのです。

つまり、貧困ゆえに日常の食べ物を求め自らの意志で、または親からの求めで武装勢力に参加する場合です。しかし、いったん入隊すると家族のもとには戻れません。武装勢力からの直接的な家族への攻撃、家族にとっても所属する村落への攻撃や子どもの武装勢力への参加に対する非難を恐れ、子どもの帰還を拒絶したりします。

第3の理由は、子どもでも使える小型武器が開発されていることです。本来プロの兵士は兵器を操作する、それなりの訓練がなされています。ところが、すでに皆さんと学習してきたように、紛争の形態が国家と国家による戦争から、エスニック紛争のような国内紛争や地域紛争へと変わってきました。その結果、プロの兵士のみならず、訓練を受けていない「兵士」が武力紛争に参入してきたのです。この訓練を受けていない「兵士」の中に「子ども兵士」も含まれることになりました。

要するに、冷戦後の紛争では安価な小型武器が流通し、国内紛争や地域紛争を多発させたのです。子ども兵士の役割は、当初後方支援などの非戦闘員でしたが、安価な小型武器が開発され、流通することで、子どもでも使用可能なレベルになったのです。また、子どもに薬物を投入することで、恐怖感を除き前線で戦闘要員にさせる場合、さらには子どもゆえに、武力勢力の一員と思われないことを利用する場合もあります。

以上のように、戦争や紛争の形態が変わったことで、「子ども兵士」の役割が増大し、本来守るべき子どもの基本的人権が奪われているわけです。

【課題研究 1-5】

「子ども兵士」の問題は本来守るべき子どもの基本的人権の侵害に当たります。基本的人権は国際社会全体に関わる問題であり、人権の保障こそが二度の世界大戦を経験し、様々な人権侵害を経験した私たちの取り組むべき課題でした。そこで、1948 年 12 月 10 日、国連第 3 回総会で「すべての人民とすべての国が達成すべき人権の共通基準」として宣言されたのが、前文と 30 の条文から構成された「世界人権宣言」でした。世界人権宣言の内容は、各国の憲法や各種法律の中に反映されています。さて、同宣言文の前文の中に「人間が言論及び信念の自由並びに恐怖及び欠乏からの自由を享受する世界の到来が、一般の人民の最高の願望として宣明された」(『ベーシック条約集』)とあります。実は、「恐怖及び欠乏からの自由」という表現は、国連憲章にも日本国憲法にも書かれています。古くは 1941 年のアメリカのフランクリン・ルーズベルト大統領の議会に向けた一般教書演説で発信され、大西洋憲章にも存在します。ここでぜひ皆さんで「恐怖からの自由」と「欠乏からの自由」とは何かを考えてみてください。

第 1 章では、「『戦争』や『紛争』はなぜ起きるのか」という問題設定を据えて、皆さんに様々な情報と知識を提供してきました。要するに、武力紛争が私たちの日常生活を破壊し、その結果、「多くの犠牲」を強いている現実を学んでほしかったのです。ここに「多くの犠牲」と強調しました。もちろん、本章で述べてきたように「戦争犯罪」という私たちの基本的人権の侵害が最重要課題であることは言うまでもありません。そのために国際連合憲章の前文を確認しました。

日本国憲法の前文にある、「日本国民は、恒久の平和を念願し、人間相互の関係を支配する崇高な理想を深く自覚するのであつて、平和を愛する諸国民の公正と信義に信頼して、われらの安全と生存を保持しようと決意した」とあるように、私たちには第二次世界大戦で多くの国内外の人びとを戦争に巻き込んだ反省のもと平和で安全な国際社会の実現に寄与することが求められているのです。

【新しい研究課題の設定に向けて 1】

武力紛争は基本的人権の侵害という問題だけではなく、「多くの犠牲」を強いています。例えば、武力紛争による破壊行為は世界が目指しているはずの環境保全とは真逆の行為です。破壊行為でどのくらいの二酸化炭素が排出されているかなど、「多くの犠牲」の中身の問題を議論していく必要があります。そこで、改めて武力紛争を引き起こすことで「持続可能な開発目標（SDGs)」との関係からどのような問題点が浮かび上がってくるのかを考えてみましょう。

第2章

紛争後の平和をどのように構築するのか

1 紛争後の平和構築に向けた問題意識を高めましょう！

第1章で、戦争や紛争を含む武力紛争の実態を理解しました。国家間の武力紛争は規模が大きく、犠牲者数も多いので「戦争」と呼び、むしろ冷戦後の武力紛争は国内紛争や地域紛争が多くなることからエスニック「紛争」などと分類されることを紹介しました。いずれにしても、武力紛争は人びとの日常生活を奪い、多くの犠牲を将来にわたって強いていくことは想像に難くないと思います。

第2章では、武力紛争後の社会を紛争当事国はどのような方法で平和な状態へと戻していくのか、また、そのために国際社会はどのような支援で平和構築を促していくのかを考えてみましょう。国家間の戦争後平和構築と国内紛争後の平和構築のあり方には共通点と相違点があるはずです。しかしながら、私たちは「平和」がいかに重要かは、例えば8月6日と9日の広島と長崎の「原爆の日」に毎年開催される平和を記念した式典で再確認できます。

また、「平和」は地球公共財ともいわれています。皆さんは公共財を知っていますか。公園、信号、灯台などで、これらを利用する誰をも排除しないし、また利用してもその価値が減らないものを公共財と呼びます。要するに、非排除性と非競合性を有し、すべての人びとに便宜を供与します。ただその一方で、公共財を維持するうえで、その負担を全員で共有しなければなりません。したがって、便宜だけを受け、コスト（代価）を共有しない人を「フリーライダー（ただ乗り者）」と呼びます。

さて、なぜ「平和」が公共財なのかです。「平和」がなければ安心して私たちは日常生活を送れません。戦争や紛争は当該国のみならず近隣諸国はもちろん、直接的・間接的に世界全体にも大きな不安定要因を引き起こします。その究極がいうまでもなく核戦争です。したがって、私たちは

「平和」の創造のためにフリーライダーであってはならないのです。「平和」は地球上の人びとを含むすべての生物にとっての地球公共財なのです。地球公共財には平和だけではなく、環境、開発、人権なども含まれます。これらの問題は以後のそれぞれの章で扱います。

いったん破壊された平和を再生することはそう簡単ではありません。国家間の戦争であれば、停戦から平和合意へと国連などの第三者が仲介して平和を取り戻します。しかし、国内紛争であればエスニック・グループ間の紛争である場合が多いですから、民族間の和解が平和の前提になります。和解にはどのような方法があるのかも重要ですが、そもそも民族間の紛争には国内に加害者と被害者がおり、両者の憎しみを超える和解は想像以上に困難な場合が多いのです。

とはいえ、私たちは国民国家の一員です。原則無国籍者は存在しなく、同じ国民として和解し、国家建設をしていくしかありません。もちろん、武力紛争を回避するために他国へと強制移動をする難民の立場を選ぶ人びともいます。紛争が終わって帰還する難民、帰還しないで庇護国（保護を求めた国）に定住する難民、庇護国からさらに第三国へと新たな定住先を求めていく難民もいます。

このように、国境を越えて強制移動をしていく人びとは難民といわれますが、ただその一方で、国内に留まる、あるいは国境を越えられなかった人びともいます。いわゆる国内避難民（Internally Displaced Person：IDP）と呼ばれる人びとです。紛争後の平和を構築するうえで様々な立場の人たちがそれぞれの役割を演じる必要があります。本章では、この問題意識を前提に、紛争後の平和構築に関する現実的課題と克服すべき課題を考えていきましょう。

2 国連が求める「紛争後の平和構築」とは何か

本章の表題は「紛争後の平和をどのように構築するのか」とつけています。その理由は、皆さんに広くどのように平和をつくるのかを考えてもらいたいからです。ただ本節の表題は「紛争後の平和構築」とします。実は、1992年当時の国連事務総長ブトロス・ガーリが国連安保理に『平和への課題』という報告書を提出しましたが、その中に「紛争後の平和構築」という項目が含まれています。

ガーリが『平和への課題』を提出した背景は、第1章で学習したように冷戦後の世界の状況でした。ソ連は1991年12月に解体され、他方でアメリカは冷戦時代の援助疲れで戦略上必要以外の関与には消極的になったのです。しかし、冷戦後の世界はエスニック紛争などの国内紛争や地域紛争が多発したことで、誰かが国際社会の平和に関与しなければなりませんでした。その役割を担ったのが、ガーリ主導の国連による平和活動でした。

ガーリの事務総長時代には、上述の『平和への課題』(1992年6月)に加え、『開発への課題』(1994年5月)、『平和への課題：補足』(1995年1月)などが立て続けに提出されています。最初に提出された『平和への課題』の副題として、予防外交、平和創設、平和維持の3つの国連の平和活動が記載されています。国連は主権国家の集合組織であり、世界政府ではありません。したがって、自らの税収等に基づく収入はなく、国連加盟国からの分担金で運営されています。その結果、分担金の拠出額が大きい国家の影響力は無視できません。

そこで国連の平和活動ではまずは予防外交（Preventive Diplomacy）が重視されたわけです。予防外交とは何を指しているのでしょうか。報告書によると5項目が挙げられています。第1に「信頼醸成措置」です。国家間の疑念が拡大しないように、日頃から相互の信頼と誠意を持って紛争を予防しようという考え方です。第2に「事実調査」です。紛争が発展していくことを予防するうえで、まずは事実関係を確認しようという考え方です。第3に「早期警報」です。平和を脅かすときには様々な兆候があるはずで、早期に関係機関を通じてそれらの問題を把握するという考え方です。第4に「予防展開」です。当該政府や当事者の要請や承認に基づき紛争発生前に予防のための行動をとるという考え方です。最後の第5として、紛争発生前に「非武装地帯」を設定するという考え方です。

次に提示された取り組みが「平和創造(Peace Making)」という考え方です。何よりも「予防」が大切なのは、「予防接種」「火災予防」などで皆さんもうなずけると思います。しかし、もし予防ができなかった場合には対応措置が必要になります。それが「平和をつくる」ことへの取り組みになります。報告書では「主として国連憲章第6章で想定されている平和的手段を通じて敵対する当事者間に合意を取りつけること」と定義されています。なお、国連憲章の第6章「紛争の平和的解決」は第33条から第38条までで構成されています。

具体的に『平和への課題』ではどのような平和創造への取り組みが記載されているのでしょうか。第1に、国際司法裁判所(ICJ)の平和的裁定に依拠することです。すでに第1章では国際刑事裁判所(ICC)について説明しましたが、ICJは国家間の紛争の裁定を行います。ただ、ICJの裁定は勧告であって、国内の裁判所のような強制的な判決は望めません。第2に、「援助を通じての改善」になります。安保理、総会、事務総長などの国連が持つ最大限の資源を利用して紛争の平和的解決を目指します。

第3と第4の方法は、国連憲章の第7章「平和に対する脅威、平和の破壊及び侵略行為に関する行動」(第39条から第51条)の規定から適用されます。まず、非軍事的措置として経済関係、鉄道、航海、航空、郵便、電信、無線通信などの運輸通信手段の全部または一部の中断、外交関係の断絶などが含まれます(第41条)。経済制裁などの措置は聞いたことがあるかと思います。次に、軍事的措置になりますが、国際平和と安全の維持や回復のために必要な空軍、海軍または陸軍による行動が予期され、加盟国の軍隊の示威、封鎖その他の行動が含まれます（第42条）。

ガーリは平和創造の延長線上で、国連自身が軍事力を行使できるようにするために「平和執行部隊」の創設を考えました。つまり、侵略行為に対処する平和維持軍よりも重装備で広範な準備訓練を受けた部隊を事務総長の指揮下で発令できるように提起したのです。この部隊は第2次国連ソマリア活動（UNOSOM II）などに発令しましたが、敵対勢力の民兵との直接的な戦闘行為で隊員が殺害されたこともあり、ガーリの平和執行部隊構想は失敗に終わりました。

国連の平和活動として、おそらく皆さんが最も聞き慣れているのが「平和維持（Peace Keeping）」活動（Operation）でしょう。PKOは紛争における全当事者間の合意のもとに、国連の存在を現地に示すことで紛争の防止と平和の創造を目的とします。また、現地での停戦の維持と安定化を実現するために、平和的手段を通じて紛争の解決を目指しています。PKO派遣団は非武装の軍事監視員と軽武装の兵員から構成されます。いわゆる国連PKO参加三原則（紛争当事国間の合意、PKOの中立性、派遣隊員の自衛目的の軽武装）です。なお、最初の武装PKOは1956年のスエズ危機への対応で、第1次国連緊急軍でした。

このような軍事要員の派遣を第一世代型PKOと呼びますが、現在では軍事要員に加え、持続可能なガバナンス支援の観点から文民警察官や、法整備、選挙監視、人権監視などの民間部門の要員が参加する複合型あるいは第二世代型PKOが増えています。アジアでは1992年の国連カンボジア暫定統治機構（UNTAC）や2002年の国連東ティモール暫定行政機構（UNTAET）が該当し、治安部門とガバナンス部門の両方の平和維持要員が派遣されました。なお、**表2-1**は、PKOへの派遣人員国と予算分担率を示したものです（『世界国勢図会2022/23』）。

表 2-1　PKO 派遣人員上位国と予算分担上位国（2022 年）

順位	派遣人員国	派遣人員数	予算分担国	予算分担率
1	バングラデシュ	6693	アメリカ合衆国	26.95
2	ネパール	5782	中国	28.69
3	インド	5581	日本	8.03
4	ルワンダ	5290	ドイツ	6.11
5	パキスタン	4123	イギリス	5.36
6	エジプト	2794	フランス	5.29
7	ガーナ	2760	イタリア	3.19
8	インドネシア	2675	カナダ	2.63
9	セネガル	2458	韓国	2.57
10	中国	2243	ロシア	2.29
11	エチオピア	1787	スペイン	2.13
12	モロッコ	1707	オーストラリア	2.11
13	タンザニア	1487	オランダ	1.38
4 月末総数 7 万 3852 人（日本人 4 人）			2021/22 年で総額 63 億 7878 万ドル	

最後に、『平和への課題』で副題には記載されていなかった「紛争後の平和構築」について触れておきます。報告書の作成時には、冷戦後世界は紛争を予防することが中心的な課題であったのでしょう。ところが実際は国内紛争や地域紛争が続発することで、むしろ紛争を再発させない取り組みが重要視されだしたのです。その意味では 1995 年の『平和への課題：補足』版では「平和と安全保障のための手段」として、予防外交と平和創造が一緒に論じられている一方で、平和維持と「紛争後の平和構築」は別々に論じられています。

「紛争後の平和構築」は予防外交を支える取り組みとして、具体的には「非武装化、小火器の管理、制度改革、警察・司法制度の改善、人権の監視、選挙改革」を取り上げ、「社会的・経済的発展は、紛争が起こったのちの傷を癒す場合と同様に紛争予防においても有用である」と述べられています。要するに、「紛争後の平和構築」の取り組みは予防外交を含む

「紛争予防」の概念へと置き換わっていきます。なお、「小火器」とは兵士1人で操作可能な軽い武器を指します。

さらにガーリは上述の2つの報告書に加え、1994年5月に事務総長報告として『開発への課題』を国連総会に提出しています。この報告書の冒頭に「開発は基本的人権のひとつである。開発は、最も確固とした平和の基礎である」と述べ、平和と開発を「国際協力における主要な双子の主題」として位置づけています。また、「紛争後の再建と開発がなければ、平和が保たれる期待もまたないも同然である」と、改めて平和と開発の関連を強調しています。

【課題研究 2-1】

国連主導の平和活動の中でPKOの果たす役割は大きいですが、表2-1をみると人員派遣上位国と予算分担率上位国が一致していません。なぜ、紛争を抱えるような途上国が人員派遣上位国になっているのでしょうか。理由となる背景を考えてみましょう。

3 紛争後国家におけるDDR問題

1992年6月に提出された『平和への課題』における「紛争後の平和構築」には、紛争終結後の当事者の武装解除、秩序の回復、兵器の管理や破棄、難民の送還などが記載されています。また95年1月に提出された『平和への課題：補足』では、制度改革、警察・司法制度の改善、人権の監視、選挙改革などが挙げられています。前者は紛争後の平和構築を求めるうえで、紛争時における元兵士への対応問題を指摘しています。

それは通常「DDR」と呼ばれます。最初の「D」はDisarmament「武装解除」で、次の「D」はDemobilization「動員解除」です。最後の「R」は

Reintegration「社会復帰」を指しています。他方で後者の文書で注視されたのが平和構築から国家建設に向かう過程で求められる国家のガバナンス構築の問題です。それがSSR（Security Sector Reform：治安部門改革）と呼ばれています。

近代国家成立の要件が領土と国民であることはすでに学習しました。つまり近代国家は、領土や国民を守るために軍隊を有する国家がほとんどです。また、軍隊は外敵に対して殺傷破壊が可能になりますから、当然ながら厳しい服務規律を求められます。いわゆるプロの兵士である正規軍に入隊するには様々な訓練が求められるのです。一般的に国家間の戦争はこのような軍隊による戦闘で勝敗が決まります。

ただ最近の戦争には民間軍事会社の存在を無視できません。少し蛇足ですが、ロシアのウクライナ侵攻で皆さんはロシアの兵力に「ワグネル」という民間軍事会社から徴兵された受刑者が加わっていることを聞いたことがありますか。彼らは戦場に行く条件で罪が放免されるのですが、ほとんどの兵士は武器の使い方のような訓練だけではなく、傷病者、捕虜や文民の扱いなどの戦争ルール（ジュネーブ条約）を知りません。それが「戦争犯罪」の背景にもあるようです。

さて現在の紛争の多くは国内戦争や地域紛争ですが、戦闘員は必ずしも正規軍とは限りません。その結果、何よりも紛争後の平和構築の状況下では、不要になった兵士の扱いが問題になります。要するに、政府軍と反政府軍による戦闘が終結し、和平が実現されていく過程で、戦闘員であった兵士の扱いが問題になります。言い換えると、もはや近代国家における兵員数は限られた人員でよいわけです。そこで問題になるのが上述の「DDR」問題になります。

したがって、「DDR」問題とは事実上元兵士への処遇問題であり、かつ紛争後国家における社会の安定に向けた一里塚となります。つまり、正規軍のみならず非正規軍も含めて、紛争が終結した以上は、戦闘に利用した武器は不要になり、武装解除が求められます。次に、必要以上の兵員は不要になりますので、大部分の兵士の動員解除が求められます。そこで問題となるのが、元兵士の社会復帰問題です。兵士の大部分は社会復帰ができるような技術を持っていません。いわんや子ども兵士の問題を思い出してもらうと、彼ら彼女らの多くは当然ながら10代初めで兵士に徴用されるのですから、銃の使い方以外は知らないのです。

元兵士にとっても当然ながら除隊後の生計をどのように立てていくのかが最重要事項になります。例えば、私がかつて属していた国際NGOでは、カンボジア内戦後の元兵士に生活の糧となる技術習得の支援を行いました。家畜を飼うための支援、漁業を行ううえで必要な投網などの供与、露天商を営むうえでの菓子作りや資金の供与などです。技術指導者の派遣などを含めた比較的ハードルの低い技術支援を通じて元兵士の社会復帰プログラムを企画しました。

違う事例では、モザンビークで「銃を鍬《くわ》にプロジェクト」を実施し、元兵士らが持つ武器を自転車や足踏みミシンなどと交換し、武器回収とともに職業支援を実現させました。旧約聖書に「剣を打ち直して鋤《すき》とし、槍を打ち直して鎌とする」という言葉がありますが、途上国における最も重要な産業が農業であることに鑑みた平和プロジェクトでした。現地の教会や市民社会組織との連携で実現しました。放置自転車の再利用などで日本の自治体からの支援も受けました。

ただその一方で、武装解除は簡単なことではありません。兵士以外の経験がない元兵士は簡単には政府や第三者の指示で自らの武器を手放しません。まず和平が成立したとしても当分は社会が不安定であり、紛争再発時のために武器を保持しようとします。次に関連して、武装解除や動員解除を指示する母体の信用度の問題です。最後に、「DDR」とパッケージにされるように、「R」（社会復帰）が保障されない限りDDは成功しないということです。

さて、紛争後の平和構築における喫緊の課題である「DDR」に次いで、「SSR」の問題が重要になります。私たちは「犯罪者は罰せられる」法治国家に生活しています。もちろん、当該者の犯罪は裁判所の審議で判決が下されますが、犯罪者が社会に横行するような状況では身の安全を確保できないし、ましてや政府への信頼は持てません。そこで国民から信頼されるような統治のあり方が求められます。このための改革が「SSR」になります。

「SSR」は国軍や警察組織の治安部門の改革を主としていますが、治安部門には犯罪者の更生施設となる刑務所などの法執行と関わる施設、国境警備や海上警備などの国民に対する暴力行為を抑制するための組織、また税関なども含まれます。例えば、21世紀最初の独立国家といわれた東ティモール民主共和国という国家があります。実はすでに1975年に当時の植民地宗主国ポルトガルから独立宣言をしたのですが、隣国インドネシアの侵攻にあい、国際社会の支援のもとで2002年に正式に独立を回復することができました。その東ティモールでも2006年に国防軍と警察の間で銃撃戦を含む騒乱事件が起き、15万人に及ぶ国内避難民を出すことになりました。

国連安保理は改めて治安維持能力を擁する国連東ティモール統合ミッション（UNMIT）の設立を2006年に決め、その後東ティモール国家警察の警察官としての再教育を行いました。つまり、国民に信頼されるための警察官にすることがUNMITに求められたのです。まさに「SSR」の事例です。なお、日本は独立行政法人国際協力機構（JICA）の支援で交番や派出所制度を参考にした東ティモール国家警察の研修を実施しています。途上国の警察は陸海空軍に次ぐ第4軍といわれる武装警察である場合が多いですから、地域の治安を守る日本の警察のあり方は参考にされています。

【課題研究 2-2】

「DDR」を学習しましたが、「DD」を推進するには「R」の元兵士の社会復帰が求められます。つまり、紛争の多い途上国で「R」を実現するためには、雇用を拡大させていく必要があります。そのために、私たち国際社会はどのような支援が効果的だと思いますか。皆さんのアイディアを話し合ってみてください。

4 難民問題と紛争国家における民族和解

本章の第１節で触れたように、国際社会は主権国家で構成され、また私たち自身もいずれかの国家の国民として存在しています。したがって、海外旅行には所属する国家（外務省）発行のパスポートを持参し、出国時に、入国時に提示します。つまり、国際社会では原則無国籍者は存在しないことになっています。しかし、例えばミャンマー軍から迫害を受け、多くがバングラデシュに越境しているロヒンギャのほとんどは無国籍者であるといわれています。国連難民高等弁務官事務所（UNHCR）発行の『グローバル・トレンズ・レポート』では、数百万人の無国籍者が存在していると報告されています。

とはいえ、私たちは基本的に国民国家に属している以上、たとえ紛争が起きても結局はどこかの国民として生きていかざるをえません。すでに述べたように、ほとんどの国家は単一民族国家ではなく、多民族国家です。多民族の中の一民族として国民国家を形成していくことになります。このことはエスニック紛争の箇所で説明した通りです。

そうすると紛争国の人びとにはいくつかの選択肢があります。まず、国内に留まること、あるいは留まらざるをえない人びと（国内避難民：IDP）の存在です。次に国境を越えて避難する難民の人びとです。その中には、

表 2-2　難民出身国と受け入れ国（2021 年末）

順位	難民の出身国	難民数	難民受け入れ国	受け入れ難民数
1		680 万人→	トルコ	380 万人
2	ベネズエラ	460 万人→	コロンビア	180 万人
3	アフガニスタン	270 万人→		150 万人
4	南スーダン	240 万人→	ウガンダ	150 万人
5		120 万人		130 万人
難民数：2710 万人（UNHCR 支援者 2130 万人＋ UNRWA* 支援対象者 580 万人）				
国内避難民 5320 万人、庇護（越境）希望者 460 万人				

* UNRWA（国連パレスチナ難民救済事業機関）は 1949 年にパレスチナ難民を直接救済する目的で設立された。

第 1 に、紛争終結後に帰還する難民がいます。第 2 に、多くは隣国ですが庇護国（避難国）で定着することを選択する人びとの存在です。第 3 に、最初の避難国から第三国に移動する人びとに分類されます。

UNHCR『グローバル・トレンズ・レポート 2021』（2022 年 6 月発表）によると、2021 年末時点で迫害、紛争、暴力、人権侵害などで故郷を追われた、いわゆる強制移動の人びとは過去 10 年間増大し続け、8930 万人です。また 2022 年 5 月末時点で 1 億人を超えたと報告されています。国境を越えて強制移動する難民の出身国と上位受け入れ国を示したのが**表 2-2** です。難民は 2710 万人で、その避難先の約 72%が近隣国、18 歳未満の子どもが 41%、なお 2018 年から 2021 年で難民として生まれた子どもの数は 150 万人以上で、難民人口の年間平均約 38%に当たるそうです。

また難民問題の解決策として、紛争後などに帰還した「帰還民」は 572 万 9300 人です。内訳は IDP が 530 万人、帰還難民は 42 万 9300 人です。強制移動の避難民の中で、IDP の数が 5320 万人ですから、現在の武力紛争下では圧倒的に避難民は国内に留まらざるをえない状況にあります。なお、第三国定住数は 5 万 7500 人、正確なデータはないようですが、各国のデータから推計して無国籍者数は 430 万人となっています。

表2-2で気になるのが、ベネズエラからの難民数です。第2位の難民出身国になっています。これだけの難民を生み出している理由は、ベネズエラの政情不安で、社会秩序の混乱と暴力により安全の確保が困難な状況下にあるからです。また経済的な大混乱を引き起こし、もはや同国での生活を放棄せざるをえないとの理由があります。多くは、隣国のコロンビアに逃れ、他の南米諸国やカリブ諸国へと難民化しています。

【課題研究2-3】

表2-2で、難民の出身国で最大の国と5位の国はどこでしょうか。また、難民の3位の受け入れ国と5位の受け入れ国はどこでしょうか。空欄に該当する国々を埋めてください。表の矢印（→）は難民がまずは最初に隣国に流れることを示しています。ただ、順位5位の出身国と受け入れ国の直接的な関係はありません。

難民出身国で2位と5位以外の国々は、「2015年ヨーロッパ（欧州）難民危機」と関係します。皆さん、覚えていますか。2015年に中東（空欄の最大の難民出身国が含まれます）やアフリカ諸国から前年の2倍以上の難民が紛争から逃れるために地中海経由、バルカン半島経由、トルコ＝ギリシャ海路経由でヨーロッパの国々を目指して大量に移動した出来事です。子どもを含む難民を乗せた粗末な船が地中海で遭難、難破し多くの犠牲者が出ました。

次に、難民の受け入れ側の国です。難民は最終的にヨーロッパの国を目指しますが、まずは同じイスラムの国家で経済発展も目覚ましいトルコに上陸しました。トルコはヨーロッパ連合（EU）入りを目指している国ですが、トルコ＝ギリシャ経由で多くの難民がヨーロッパに入ろうとしました。また、EUでもっとも積極的に難民を受け入れたのが5位の国です。

当時の女性首相が「助けを求める人たちを保護するのは当然だ」と押し寄せる難民を受け入れました。ヨーロッパに難民が押し寄せた理由の背景に、シェンゲン協定というヨーロッパ諸国間で出入国の審査がなく自由に国境を越えられる制度がありました。まずは同協定に参加している国に入り、その後難民にとって有利な条件の国、すなわち家族の呼び寄せが可能で、手厚い保護をしてくれるような国へ移動するのです。

難民出身国5位の国ですが、東南アジアの国で、東南アジア諸国連合（ASEAN）のメンバー国です。2011年に軍政からいったんは民政移管されたのですが、再び2020年2月に軍部によるクーデターが起きています。民主主義を守るために多くの市民が軍政復活に反対したのですが、結果的に軍によって多数の人びとが殺害されています。現在、民主派武装組織も結成され混迷を極めています。ただ、ASEANをはじめ多くの国は軍政を正式な政府としては認めていません。

難民問題の大枠は理解できたと思います。それでは最後に紛争後国家の民族和解に触れて本節を終えましょう。すでに述べたように、私たちは多民族国家の一員として日常生活を送っています。ところが突如隣人であるはずの他民族と衝突し、それが決定的な紛争への道に進むこともあります。

例えば、アフリカのルワンダで1994年4月からフツ族によるツチ族の大虐殺がありました。わずか約100日間で80万〜100万人のツチ族および穏健なフツ族が殺害されたのです。まさに「隣人が隣人を殺す」という世界を震撼させた集団虐殺事件でした。しかしその一方で、国際社会の無関心によって、これほどまでの犠牲者が生み出された事件だったともいえます。

皆さんの中には『ホテル・ルワンダ』（2006年日本で公開）や『ルワンダの涙』（2007年日本で公開）という映画を観た人がいるでしょうか。私は『ホテル・ルワンダ』の最後のシーンに「もし私たちがThe United States of Rwandaなら……（つまりThe United States of America［アメリカ合衆国］

をもじっています）世界は私たちを見捨てなかっただろう……」というような字幕が流れたのを覚えています。もしアメリカで起きていたなら、世界は最大の関心事で事件に対応しただろうという嘆きと訴えだったと考えます。日本から遠いアフリカの出来事で、私たちも確かに無関心でした。

さて、このような過酷な隣人間の殺戮を経験したルワンダは国民国家としての再出発をはじめました。ルワンダは、ベルギーの植民地でしたが1962年に独立し、ハビヤリマナ大統領の暗殺後に紛争が起きたわけですが、少数派のツチ族で多数派のフツ族を支配するシステムで植民地経営がなされていました。そこで、集団虐殺を乗り越えるために出身部族別の身分証明書を廃止し、女性の遺産相続を認めるように遺産相続制度を改革し、国民和解委員会および国民人権委員会の設置などを含めた民族和解、つまりは国民和解のプログラムを実施したのです。

「隣人が隣人を殺害」したルワンダ内戦における加害者の責任をどのように処罰したのか。まさにこれが国民和解であり、国民国家としてのルワンダの再出発でした。まず、1994年に集団虐殺の責任追及を目的に国連ルワンダ国際刑事裁判所（ICTR）が設立されました。すでに第1章で学習した個人の戦争犯罪を裁く目的で設立された国際刑事裁判所（ICC）の設立を促すことになった国際裁判所です。ICTRではジェノサイド（集団殺害）に関わる重大犯罪を担当しました。ただ、「隣人が隣人を殺害」するような大規模な事件での訴追対象は限られていました。私たちが知っている裁判制度ではすべての犯罪者を裁けなかったのです。

そこで、ルワンダは2001年から12年間にわたって住民が裁判に参加するガチャチャ（キニャルワンダ語で「芝生」という意味）という伝統的な方式をルワンダ基本法に基づいて設立しました。この裁判方式で1万2000件を超える裁判で120万件以上の事件が裁かれたのです。ガチャチャ法廷は現地に根ざし、和解と社会の再構築を目指した紛争解決の方法でした。南アフリカのネルソン・マンデラが主導して実施した真実和解委員会などと同じ考え方でした。

【課題研究 2-4】

私たちの社会では三審制に基づく裁判制度はよく知られていますが、南アフリカ、中南米、東ティモールで紛争後に実施されたような真実和解委員会方式には馴染みがありません。そこで、真実和解委員会とは何かについて調べ、次に通常の裁判制度との違いを考えてみましょう。

5 紛争後国家の復興・開発と地雷問題

第3節で「DDR」問題を扱い、特に「R」の問題の難しさを指摘しました。なぜならば紛争後国家はほとんどが国際社会からの支援を受けて平和構築から国家建設への道を歩むからです。例えば、2001年のアフガニスタン戦争後の2002年1月にアフガニスタン復興支援国際会議が東京で開催され、61カ国、21の国際機関が参加しました。行政の能力の向上、教育、保健・衛生、インフラ整備、経済システムの再建、農業および地方開発などの復興支援が決まりました。

紛争はインフラの破壊のみならずコミュニティの破壊も行います。インフラの破壊は、道路、空港、電話などの通信手段、発電所、送電線、上下水道など日常生活に必要なライフラインを奪います。コミュニティの破壊は、職場を破壊することで生活基盤を奪い、学校の破壊で子どもたちの夢を奪い、住み慣れた土地や住居、さらには人間関係をも奪います。多くの被害者は前節でみたように難民として国境を越えたり、国内避難民として居場所を変えたり、まさに強制的な移動をせざるをえない状況下に置かれます。

紛争後国家では、このような状況を踏まえて平和構築を進め、国家建設に着手することになります。また、国際社会からは国連などが主導して復興・開発支援会議を開催し、少なくとも一定の期間までは深く関与します。しかしながら、国連の支援は復旧・復興期までが多く、開発段階においては役割を終えます。その後は、国際NGOなどが現地の状況を踏まえて支援を継続していきます。国際NGOは現地NGOなどをパートナーに、自身の集めた寄付金、二国間支援や国連機関を通じた多国間支援の資金などを利用してプロジェクトを行うことになります。

例えば、紛争後の東ティモールの平和構築と国家建設をみてみましょう。日本は二国間支援として独立後の2002年からの10年間で、オーストラリアの約6億2000万（以下すべて米国）ドル、ポルトガルの約4億4000万ドル、アメリカの約2億9000万ドルに次ぐ約1億5000万ドルの支援をしています。その後の2011年から19年まではオーストラリアに次ぐ約2億4000万ドルの開発支援を実施しています。

具体的な案件では、国家建設に必要な人材育成を前提に、東ティモール国立大学工学部支援を独立当初から行ってきましたし、専門家派遣や青年海外協力隊員も様々な分野で技術支援を実施しています。日本の国際NGOも東ティモール最大の輸出品であるコーヒー栽培の支援や、保健・衛生、教育などの社会サービス部門への支援に尽力し、JICAもすでに述べたような警察研修、日本の大学への留学などの人材開発支援を実施しています。

多国間支援では、国連開発計画（UNDP）との協働で同国の民主主義を支える選挙関連の取り組みを実施しています。2002年の独立前後には、2000名を超える自衛隊施設群が国連PKOミッションに派遣されています。PKO派遣には軍人のみならず、私も参加した国民議会選挙監視団などの文民も含まれており、東ティモールが東南アジア諸国の中で民主主義国家として欧米諸国から高く評価されている1つの背景になっています。

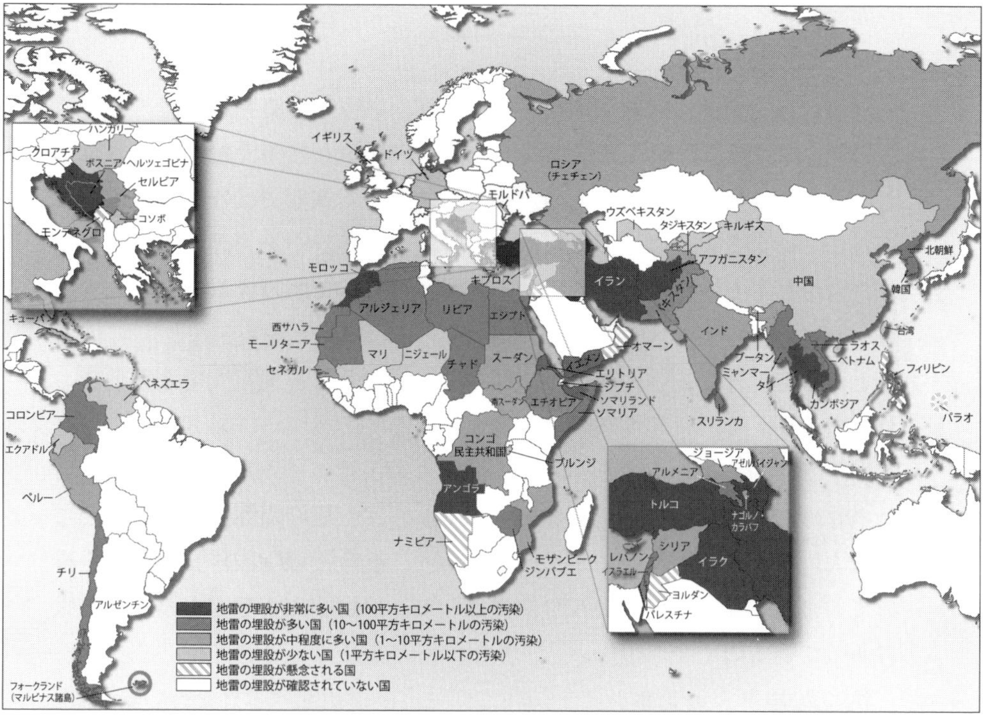

図 2-1　対人地雷とクラスター爆弾汚染地域（地雷禁止国際キャンペーン：ICBL）

出 所：http://www.the-monitor.org/index.php/publications/display?url=lm/2013/maps/minecontamination.html より作成。

最後に、開発を進めるうえで障害となっている地雷について触れておきます。

図 2-1 は地雷禁止国際キャンペーン（ICBL）が公表している『LANDMINE MONITOR 2013』に掲載されている地雷埋設およびクラスター爆弾の汚染地域の分布図です（なお各年度版によって汚染状況は若干変化しています）。

特に地雷埋設が多い国と地域は、アフガニスタン、ボスニア・ヘルツェゴビナ、カンボジア、クロアチア、イラク、トルコなどです。当然ながら、これらの国々は紛争後国家です。もちろん、ウクライナのように、現在（2023 年）ロシアの軍事侵攻で交戦中、あるいはミャンマーのように軍によるクーデターで内戦に近い状況の国もあります。

地雷には、大きく対戦車地雷と対人地雷があります。特に後者の地雷は2～3ドルで製造可能な安価な武器で、国内紛争などで大量に使用されました。また、対人地雷は兵士の殺害を目的とした武器ではなく、地雷を踏んだことによる手足の損傷を目的とし、負傷した兵士を介護する別の兵士の戦力を奪ったり、そもそも戦意を失わせる目的で製造されたりしたものです。

ところで、なぜ紛争後国家の復興や開発問題として地雷問題が重要なのでしょうか。それは地雷埋設の行為が紛争中であっても、対人地雷の被害者の7割は紛争後のものだからです。対人地雷はいったん埋設された場合その爆破能力は長期にわたって続くのです。また厄介な問題として、どこに対人地雷が埋設されたのかが不明であり、紛争後の除去作業は困難を極めています。その結果、現在も依然として一般民間人が地雷を踏んで被害にあっているのです。

私は2010年にカンボジアを訪問し、地雷被害状況の調査を行いました。至る所に地雷埋設危険区域が存在し、地域住民への注意喚起がなされていました。小学校では専門家による地雷回避教育が実施され、地雷被害の悲惨な写真を見せられ、様々な形をしている地雷の種類が説明されていまし

た。このような一般市民を巻き込む対人地雷の被害をなくすために国際NGOのICBLが中心となって、多くの国際NGOやカナダのような国の賛意を得ることで、1997年に対人地雷禁止条約が採択されました。

条約は1999年3月に発効しましたが、依然としてアメリカ、中国、ロシアは未加盟です。2022年1月時点で、164カ国が参加しています。日本は1998年9月に加盟しています。なお、対人地雷と同様な問題として復興開発の阻害になっているのが、紛争時に投下された不発弾です。今回のロシアによるウクライナ侵攻でもクラスター爆弾が使われたと報道されています。この爆弾はたくさんの小爆弾を入れた親爆弾が上空で爆発し、小爆弾が地上にばら撒かれるようになっています。この場合も多くの不発弾が対人地雷同様に紛争後社会で日常生活を送る民間人への被害を引き起こします。国際社会は、2008年にクラスター爆弾禁止条約をオスロで調印し、2010年8月に同条約は発効しています。

このように、紛争後の復興・開発を妨げる様々な障害が起きています。いまだ、これらの爆弾で紛争に関わりのない多くの民間人が犠牲になっています。また、これらの武器を製造する国々が条約に未加盟なのです。それも国連安保理における常任理事国です。私たちは理想とする平和な社会と安全保障を目的とする国益の狭間で日常生活を送っているのです。

【課題研究 2-5】

最後の文章「私たちは理想とする平和な社会と安全保障を目的とする国益の狭間で日常生活を送っている」とはどういう意味でしょうか。理想とする社会と安全保障は同時に存在するのでしょうか。現実社会が直面する安全保障問題について周りの人たちと議論してみましょう。

第２章のまとめ

日本の難民受け入れ政策について整理と分析をしてみましょう！

本章では「紛争後の国家の平和をどのように構築するのか」という大きなテーマを基に、国連の「紛争後の平和構築」などの考え方をふまえて議論してきました。本章のまとめとして、紛争後に強制的に居場所を追われた難民、あるいは国内で留まった国内避難民（IDP）に加え、実は「2015年ヨーロッパ難民危機」では強制的な移動をせざるをえなかった難民のほかに、紛争ゆえに自らのあるいは家族の未来が開けないと決心して自発的な意思で他国へ移動した避難民がいることにも注意しておきましょう。「自らの意思」となると難民ではなく移民に置き換わるかもしれませんが、上述の危機では「混在移動」と呼ばれました。

現在、少なからずのウクライナ人が日本に避難してきています。皆さんもメディアを通じて知っているはずです。ウクライナからの方々は国境を越えて日本に避難している点から難民に類似していますが、日本の難民認定基準からは「難民」とは呼ばれません。日本の難民基準は1951年の「難民の地位に関する条約」と1967年に修正された「難民の地位に関する議定書」に基づきます。要するに、人種、宗教、国籍、特定の社会集団の構成員であること、または政治的意見を理由に迫害を受ける恐れがあるという十分な理由があることで、本国に戻ることができない人を難民とする条約です。したがって、ウクライナのような他国からの侵略ではなく、自国内での迫害を理由に国境を越えざるをえない人びとが対象です。

なお、1969年にアフリカでは紛争を理由とする難民条約（紛争難民）が採択されていますが、日本はあくまでも難民条約を前提にしており、その結果、難民認定者の数は極端に少なく、国内外からの批判も少なくありません。認定NPO法人難民支援協会の「G7（先進国首脳会議）難民受け入貢献度比較」（UNHCR Global Trends 2016 より作成）をみてみると、ドイツが 26 万 3622 人、フランスが 2 万 4007 人、アメリカが 2 万 437 人、イギリスが 1 万 3554 人、カナダが 1 万 226 人、イタリアが 4798 人で、最後に日本は 28 人です。参考に隣国の韓国では 57 人という数になっています。

ちなみに、2016 年以降の数値を出入国在留管理庁の 2022（令和 4）年 5 月 13 日発表の「我が国における難民庇護の状況等」の資料で確認すると、2017 年 20 人、2018 年 42 人、2019 年 44 人、2020 年 47 人、2021 年 74 人と、若干ですが増大しています。これらの数字は上述の「迫害」を前提とした条約難民です。2021 年は前年に比べ 27 人増加していますが、その内訳は国軍のクーデターが発生したミャンマー 32 人で、以下、中国 18 人、アフガニスタン 9 人、イラン 4 人、イエメン 3 人、ウガンダ・カメルーン各 2 人、イラク・ガーナ・パキスタン・南スーダンが各 1 人になっています。なお、難民認定はされなかったものの、人道的配慮を理由に 580 人が在留を認められています。さらに、2023 年 12 月より「難民」と同様に保護すべき紛争避難民のような人を対象とする「補完的保護対象者」の認定制度が導入されました。

少し細かい数字を紹介しましたが、これらの数字は何を物語っているの

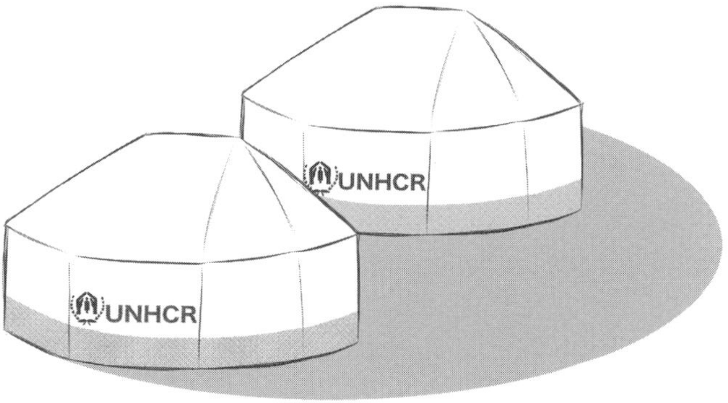

でしょうか。もちろん、日本の難民認定政策が他の先進国に比べかなり厳しいことは理解できたはずです。その一方で、多くの難民認定者および人道的配慮で滞在が認められた人びとが独裁的な強権政治や紛争から逃れてきたという背景です。皆さんにはぜひ、紛争後の平和構築における国際社会が直面する様々なコストを確認してほしいのと同時に、地球公共財としての「平和」を考える機会にしてほしいです。

【新しい研究課題の設定に向けて 2】

本章で取り上げた諸問題に通底する課題は被害者に強いられる劣悪な環境です。紛争後の社会からの復興・開発への道は、社会秩序を破壊する暴力や混乱の克服であり、日常生活の回復です。子ども兵士をはじめ、紛争への参加を強いられた人びと、難民や国内避難民の人びとも同様な環境下にいます。そこで、これらの人びとが平和で安全な日常生活を回復するうえで、私たちはどのような役割を担っているのかを考えてみましょう。

第3章

「貧困」解決の国際協力をどのように進めるか

1 世界の貧困問題解決に向けた開発のあり方について問題意識を高めましょう！

2023年5月5日に、世界保健機関（WHO）のテドロス事務局長は3年前に宣言した「国際的に懸念される公衆衛生上の緊急事態」宣言の終了を発表しました。世界全体で7億6000万人が感染し、690万人が死亡したと言われる新型コロナウイルス・パンデミック（大流行）に一区切りがついたことを宣言しました。しかし、パンデミックによりいまだに大きな問題に直面しています。例えば、食料安全保障が脅かされています。新型コロナウイルスに関しては、第7章の保健衛生の国際協力の箇所で扱いますが、パンデミックは従前の国際社会における所得格差、経済格差の問題をいっそう鮮明にし、改めて貧困問題解決のための開発のあり方と国際協力の必要性を訴えています。

国連世界食糧計画（WFP）、国連食糧農業機関（FAO）、国際農業開発基金（IFAD）、国連児童基金（ユニセフ）、世界保健機構（WHO）の国際機関がパンデミックを受けて共同で『世界の食料安全保障と栄養の現状』という国連報告書を発表しました。「残念なことに、今回のパンデミックは、世界中の人びとの命と生活を脅かす食料システムの弱点を露呈し続けています」と述べ、2030年までの飢餓をゼロにするという目標に向け、多大な努力が必要であると訴えています。

確かに、パンデミックは食料不安の大きな引き金要因になっていますが、飢餓の状況や栄養不良の問題は、実は他の要因にも依拠しています。第1章でみてきた紛争を原因とするもの、第4章で確認する環境問題、特に異常気象に端を発する被害は深刻度を増しています。ところが世界経済の停滞や不振にもかかわらず資産や所得の格差は一段と進んでいるのも事実です。これらの複合的要因の分析をしなければ世界の飢餓はゼロにはならないでしょう。

特にWFPが栄養不足蔓延率の高さで世界に注意喚起しているのがアフリカの現状です。2020年の世界人口の約9.9%が栄養不足であると推定されています。その内訳として、半数以上（4億1800万人）がアジアといわれ、3分の1以上（2億8200万人）がアフリカ、6000万人がラテンアメリカ・カリブ海地域となっています。しかしながら、アフリカの栄養不足蔓延率は他地域の2倍以上であり、同地域における人口の21%になっていると警鐘を鳴らしています。アフリカでは、約5人に1人が飢餓の状態に陥っているのです。

また、WFPはアフガニスタンの緊急人道支援を訴えています。アフガニスタンは2021年8月15日にイスラム主義勢力のタリバンが政権を奪取しました。しかしながら、世界各国から正式な政府として承認されていません。WFP事務局長が「大惨事に向けて秒読み状態だ」と警告しているように、アフガニスタンの世帯の93%が十分な食事がとれておらず、それに干ばつの影響が加わり、小麦生産が40%に落ち込み、救命措置を直ちにとらなければ重度の栄養不良で死亡の恐れがある子どもが100万人いると報告されています。

アフガニスタンの国内事情は様々なメディアを通じて皆さんも知っているかもしれませんが、タリバンが首都を制圧する以前の政権下では国内総生産（GDP）の約40%が海外の援助に依存していました。それが制裁で停止されている現在、脆弱国家であったアフガニスタンはさらに弱体化しており、国際通貨基金（IMF）などによる資産の凍結で、国民の預貯金の引き出しは極端に制限され、公務員の給料も未払いと、まさに破綻国家への道に向かっています。国際社会が正統な政府として認める条件の1つに女性の社会進出や女子教育の保障がありますが、厳格なイスラム主義を理由に遅々として進んでいません。

このように、貧困の理由は多岐にわたっています。第3章では、まず

「貧困」がすべての人びとに課せられた共通の現象ではないことを、貧富の格差の現状から考えてみます。次に、「貧困」が実は社会構造が生み出す構造的暴力であるという考え方を紹介します。最後に、「貧困」克服のための国際社会の取り組みを様々な主体の活動から考えてみます。

2 世界および国内における貧富格差の現状

新型コロナウイルスのパンデミックの影響で経済状況は悪化し、仕事を失う人びと、収入が激減する人びとなど私たちの生活環境は確かに苦境に直面しています。また、世界銀行の世界経済予測では、ロシアによるウクライナ侵攻が「一次産品価格の高騰、供給網混乱の悪化、食料不安と貧困の増大、インフレの悪化、さらなる金融引き締め、金融市場の脆弱性の増大、そして政策不確実性の深化を招いた」として、経済成長への下振れリスクを指摘しています。

実際、パンデミックとロシアによるウクライナ侵攻で世界経済の減速は深まり、世界全体、先進国、新興国・途上国の各2021年度と2022年度を比較した世界経済予測はそれぞれマイナス成長を示しています。例えば、世界全体でも5.7%から2.9%になっています。先進国で5.1%から2.6%へ、新興国・途上国で6.6%から3.4%へとマイナス成長の予測が立てられています。世界は上述したように、二重の危機に直面していることが容易に理解できるはずです。

さて、このような危機に国際社会は直面しながらも、実はむしろ資産を増大させている人びとが世界各地に存在しています。本節では世界のみならず国内における所得格差の問題を考えてみます。フランスの経済学者トマ・ピケティらが運営する民間研究機関「世界不平等研究所」では世界の富裕層と貧困層の格差の問題を扱っています。ピケティは世界各国の大量の税務統計データをもとに「富める者はますます富み、そうでない者との格差が開いていく」ことを『21世紀の資本』(2013年)で著し、世界的に注目を集めた研究者です。

それでは、世界不平等研究所発行の『世界不平等報告書2022』を利用して、世界全体および世界第1位、2位、3位の経済規模であるアメリカ合衆国、中国、日本の各国の購買力平価(PPP:各国の物品の値段を基準にした為替レート)に合わせた所得水準と個人の資産(富)分布を上位層(1%と10%)、中間層(40%)、下位層(50%)の4つの層に分類し、2021年のそれぞれの階層の所得と個人資産の割合を棒グラフで示してみましょう(**図3-1**)。

まず、世界全体の階層別所得と個人資産占有率を確認してみると、驚くことは上位1%の超富裕層の個人資産の占有率の高さです。下位50%が2%に留まっていることと比較すれば、38%の数値はとにかく驚異です。所得水準においても当然ながら同様に格差が大きいです。上位10%での両者の比較では際立って所得格差よりも個人資産の格差が大きいこともわ

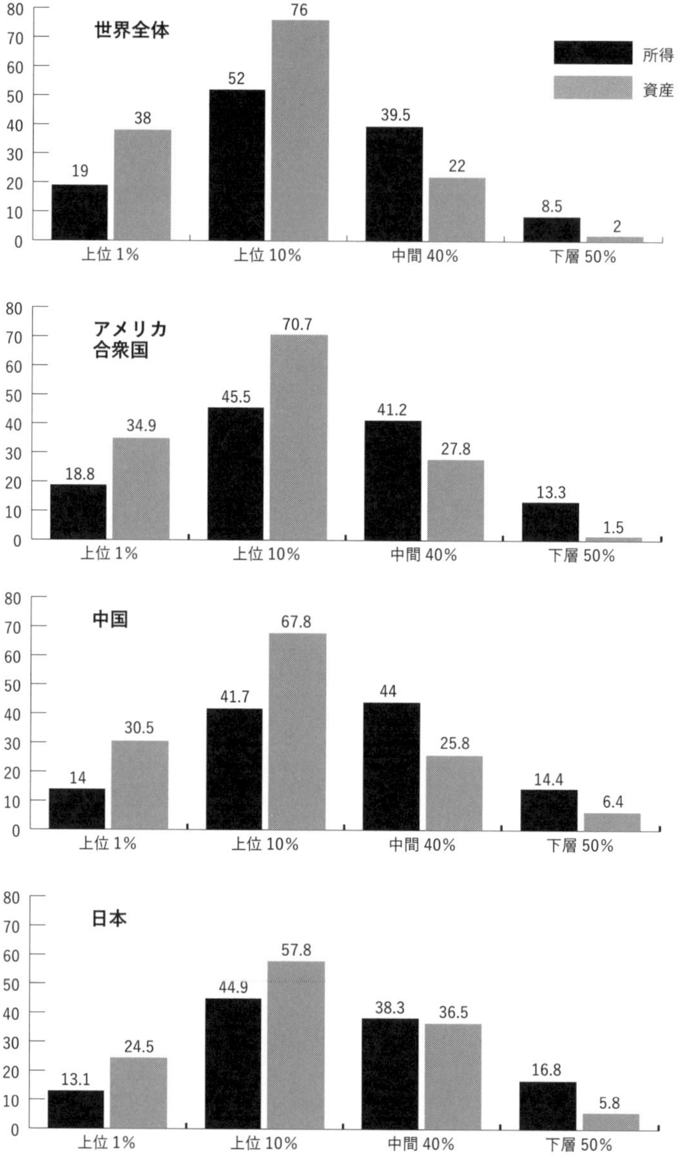

図 3-1　世界全体、アメリカ、中国、日本の所得水準と個人資産占有率（2021 年）

かります。ピケティが自著で指摘したように資本の蓄積は、「富めるものがますます富む」構造をつくり出していることの反映でしょうか。

なお、所得格差の地域別では、格差がいちばん小さいのがヨーロッパ地域で、上位10%が36%であるのに対して、下層50%は19%です。上位10%で最も所得水準が高いのが中東・北アフリカ地域で58%です。下層50%が10%を切っています。同様の数値で格差が大きいのがサハラ以南のアフリカでしょうか。その他の地域では、東アジア地域が、上位10%で43%を占め、ラテンアメリカ地域では55%、また下位50%の所得水準ではそれぞれ13%と10%です。

【課題研究 3-1】

図3-1では世界全体の所得の格差率と個人資産の占有率を棒グラフで説明しましたが、それ以外に国内総生産（GDP）第1位のアメリカ合衆国、第2位の中国、第3位の日本に関する棒グラフも載せています。これら3カ国の所得の格差率と個人資産の占有率を比較することで、共通する背景と相違する背景を考えてみましょう。

3 構造的暴力として位置づけられる「貧困」

「構造的暴力」という言葉は、第1章でも触れた「平和学の父」と呼ばれるヨハン・ガルトゥングの造語です。私たちは一般的に殴る蹴るなどの物理的な行為を「暴力」と呼びます。その意味では第1章で考えてきた武力紛争も武器などを利用し、人を物理的に殺傷する行為を含む「暴力」に入ります。もちろん、これらの暴力行為で私たちは日常の安全や生命を脅かされています。

しかし、私たちにとって安全や生命の脅威となるのは、実は物理的な暴力だけではありません。本章で扱っている貧困や飢餓はもちろん、難民や国内避難民（IDP）を生み出す迫害、差別など社会構造に根ざす様々な「構造的暴力」で日常生活を脅かされています。ガルトゥングは、これらの構造的暴力のほかに、文化的暴力にも触れています。アフガニスタンのイスラム勢力タリバンは女性の教育の権利を奪う根拠として宗教上の理由を押しつけていますが、これは基本的人権の観点からも一種の文化的暴力に属します。

国際NGOのプラン・インターナショナルによると、アフリカ・中東・アジアの一部地域の30カ国で少なくとも2億人の女性が「女性性器切除(FGM)」を経験しているといいます。大人になるための通過儀礼や結婚の条件として、アフリカなどでは約2000年前から行われているそうです。施術が不衛生な環境で実施されることもあり、命を落としたり後遺症、恐怖心が残ったりします。FGMも文化・伝統を押しつけることで、人間の基本的人権を奪う文化的暴力といえます。

また、国際NGOのセーブ・ザ・チルドレンは、児童婚に関連して死亡する子どもの数を指摘しています。世界で最も児童婚の割合が高いのが西・中央アフリカです。10代の妊産婦死亡率は世界各地に比べ4倍高いということです。南アジアでは、毎年2000人、東アジア・太平洋地域では650人が亡くなっていると報告しています。新型コロナウイルス感染症の流行も加わり、貧困家庭が増大し、児童婚という構造的暴力が増大することが懸念されます。

これらの事例から「構造的暴力」とは何かを理解できたはずです。ガルトゥングは、武力紛争を含む物理的暴力がない状況を「消極的平和」と呼ぶ一方で、構造的暴力もなくなった状況を「積極的平和」と呼びました。したがって、「貧困」を除去することは私たちが平和を進めるうえでとても重要なことで、基本的人権なのです。また、私たちは「貧困撲滅」が地球的課題であることから、貧困地域の開発支援にフリーライダーになることなく積極的に取り組む必要があります。

なお、「貧困」には絶対的貧困と相対的貧困の2つの概念があります。前者は生きるうえで必要最低限の水準が満たされていない状態を指し、途上国の貧困状態を示す場合に使われます。他方で、後者は対象国や地域の水準で比較した場合、大多数より貧しい状態にあることを指す場合に利用されます。所得で言い換えると、税金や社会保険料などを除いた自由に使用可能な可処分所得（世帯の手取り収入：等価可処分所得）がその国の中央値の半分以下に位置する、いわゆる貧困線を下回っている状態を指します。よく先進国の貧困状態を考えるときに使われます。

例えば、日本の相対的貧困率は先進国クラブといわれる経済協力開発機構（OECD）36カ国の中でも高い比率を示しています。『OECD経済審査報告書（2017年）』をみると、2016年には15.7％で7番目の高さです。約6人に1人の割合で相対的な貧困層に属します。世界一豊かなはずのアメリカは2番目の高さです。すでに前節で示した図3-1の所得や個人資産の格差の背景から理解できるはずです。内閣府などの調査では、日本の相対的貧困世帯の特徴として、特に65歳以上の高齢者の単身世帯、「ひとり親世帯」（大人1人と子ども世帯）、2人以上の大人のみの世帯が全体の相対的貧困率を高めていると報告しています。

その一方で、途上国の貧困を考えるうえで絶対的貧困の問題解決は欠かせません。すでに触れたコフィ・アナン元国連事務総長が2000年に開催した国連ミレニアム・サミットで合意された国連ミレニアム開発目標（MDGs）による国際的な取り組みもあり、2015年の達成年の最終評価では改善されていました。1990年における開発途上国の極度の貧困比率（1日1.25ドル以下で生活）が47％で、人口数では19億2600万人であったのに対し、2015年には14％の割合に減少しています。10億人以上の人びとが極度の貧困から脱却できました。しかしながら、依然として8億3600

表 3-1　世界における絶対的貧困率上位 10 カ国（2019 年度）

順位	国名	地域	絶対的貧困比率%（年）
1	コンゴ民主共和国	アフリカ	77.2（2012）
2	南スーダン	アフリカ	76.5（2016）
3	マラウイ	アフリカ	73.5（2019）
4	ソマリア	アフリカ	68.6（2017）
5	モザンビーク	アフリカ	63.7（2014）
6	ザンビア	アフリカ	58.7（2015）
7	ルワンダ	アフリカ	56.5（2016）
8	アンゴラ	アフリカ	49.9（2018）
9	タンザニア	アフリカ	49.9（2018）
10	リベリア	アフリカ	44.4（2016）

万人が極度の貧困状態にあります。

また、栄養不良の人びとの割合も 1990 年から半減しました。MDGs を 2015 年に引き継いだ持続可能な開発目標（SDGs）の目標 1 においても「極度の貧困と飢餓の撲滅」が掲げられています。なお、世界銀行は 2015 年に国際貧困ライン（絶対的貧困）を 1 日 1.25 ドルから 1.90 ドルに改定しましたが、さらに 2022 年 9 月には新たに 2.15 ドルへの改定を発表しています。

表 3-1 は世界銀行の『世界開発指標（*World Development Indicators*）』に基づいて『世界国勢図会 2022/23』が作成したもので、1 日 1.90 ドル以下で生活する絶対的貧困率が高い上位国です。国によって調査年度が異なりますが、2011 年の購買力平価を基準にしています。なお、2018 年の調査が基本ですが、国によって対象の調査年度が異なっています。

【課題研究 3-2】

絶対的貧困率の上位 10 カ国をみると、すべてアフリカ諸国です。アジアでの最上位国はインドの 22.5% ですから、圧倒的にアフリカの貧困が深刻であることがわかります。それではなぜアフリカの貧困率が高いのか、その背景と理由を考えてみましょう。

4 途上国の開発に向けた国際社会の支援

最初に開発について確認してみましょう。「開発」は英語では Development ですね。この単語は「開発」のほかに「発展」とも訳します。したがって、Developing Countries は「開発途上国」あるいは「発展途上国」と文脈に合わせて訳します。例えば、すでに本章で紹介した MDGs や SDGs は「ミレニアム開発目標」と「持続可能な開発目標」と一般的に訳されています。

また、世界銀行は開発途上国を「低所得国」「下位中所得国」「上位中所得国」に 3 分類しており、それぞれ国内総所得（Gross National Income：GNI）で 1005 ドル以下の国、1006 から 3955 ドルまでの国、3956 から 1 万 2235 ドルの国の基準で分けています。世界銀行の分類で「低所得国」が開発関係の文書でみられる「後発開発途上国（Least Developed Countries：LDC)」に該当するようです。なお、OECD では 1 人当たりの GDP がおよそ 500 ドル未満の国で、恒常的に飢餓に直面し識字率も低いような国を最貧国（Least among Less-Development Countries：LLDC）と呼んでいます。先進国は Developed Countries になります。

最貧国や後発開発途上国の多くは、前節の表 3-1 の絶対的貧困率の高い国々で、アフリカ地域がほとんどです。世界地図上で先進国と途上国を分けてみると、北側に豊かな先進工業国が多く、南側に開発途上国が多いことから「南北問題」と呼ばれる経済格差の問題として扱われることになりました。最近は、グローバル・ノース（Global North）とグローバル・サウス（Global South）と呼ばれることもあります。特にグローバル・サウスには途上国に加えて、インド、インドネシア、トルコなどのような新興国も含まれています。

さて、「南北問題」という用語はイギリスの銀行家オリバー・フランクスが、当時のイデオロギー（政治思想）に基づき米ソが分断された東西問題と同様に、先進国が北半球に、途上国が南半球に集中する南北の分断が存在するとして、1959年のアメリカでの講演で最初に使ったといわれています。また、アメリカ大統領ジョン・F・ケネディは1961年の第16回国連総会で、開発途上国の開発促進を目的に「国連開発の10年」を提起して、同総会で決議されました。その後、10年ごとに国際開発戦略が第5次まで続くことになります。

1962年に就任した当時のビルマ出身ウ・タント国連事務総長は、第17回国連総会での決議に基づき1964年に、貿易、援助、経済開発という南北問題の中心的課題を交渉する場として国連貿易開発会議（UNCTAD：アンクタッド）を設置しました。ジュネーブで開催された第1回会議に参加した77カ国の開発途上国（グループ77）が団結して先進国側との協議を行いました。また、UNCTAD初代事務局長のラウル・プレビッシュは「援助よりも貿易を」重視する『プレビッシュ報告書』を提出しています。

このように、1960年代から国際社会は南北問題の解決に向けて動き出しました。アメリカでは、61年に対外援助法、アメリカ合衆国国際開発庁（USAID）、平和部隊（Peace Corps）が設立されました。日本でも同年に海外経済協力基金が設立され、アメリカの平和部隊をモデルに青年海外協力隊（JOCV）が1965年から「現地の人びとととともに」を目的に掲げて開発途上国の様々な開発支援を行うボランティア活動を開始しました。

残念ながら「第1次国連開発の10年」は大きな成果をあげられませんでした。そこで「第2次国連開発の10年」では開発途上国グループの新たな戦略がみられました。大きな契機は、1973年の第4次中東戦争でアラブ諸国が石油を武器とする資源ナショナリズムを掲げ、74年の第6回国連資源特別総会で「新国際経済秩序（NIEO）」の宣言を採択したことです。従来の先進国に有利な国際経済秩序に開発途上国側の主張を取り入れた内容でした。具体的には資源保有国の自由な管理権、多国籍企業の規制、一次産品価格の保証などが含まれていました。

しかし、最近では「南北問題」という表現を聞かなくなりました。すでに第2節で学習したように、国家間のみならず国内での経済格差、所得格差の問題が深刻化してきたことにもよります。とはいうものの、南北間の経済格差がなくなったわけではありません。また、グループ77で団結していたはずの開発途上国間でも産油国など資源を有する国々と、経済発展に成功していく新興工業経済地域（NIES：韓国、香港、台湾、シンガポール、ギリシャ、メキシコなど工業製品の輸出で経済成長を遂げた国・地域）なども現れ、「南」側の中での経済格差が生じ、1980年代以降は「南南問題」として新たな国際社会の分断が起きることになります。上述した世界銀行による開発途上国の分類の背景とも重なっています。

【課題研究 3-3】

第二次世界大戦後の世界は米ソによる軍備拡張競争やイデオロギーに基づく東西問題が深刻でした。その一方で、本節でみてきたような南北問題も指摘され、国際社会は様々な支援をしてきました。しかしながら、両問題はイデオロギーの対立というような異なる問題を抱えながらも、互いに共通した、あるいは関連した問題もありました。それらの問題はどのようなものだったのでしょうか。

5 外発型と内発型の開発のあり方

「開発」はすでに述べたように地球公共財に含まれます。貧困は個々の人びとの基本的人権、つまり「すべての国民は、健康で文化的な最低限度の生活を営む権利を有する」(日本国憲法第25条）ことを奪います。国際社会の貧困撲滅の取り組みは、MDGsやSDGsへとつながっていきますが、まずは世界銀行グループやアジア開発銀行（ADB）などの地域開発銀行の国際開発金融機関の役割があります。これらの機関は開発途上国の経済・社会開発の支援を目的に資金援助や政策の助言を行っています。

世界銀行は第二次世界大戦後の世界経済の安定と復興を目的に設立され、中所得および信用力のある低所得国の政府を対象に貸出を行う国際復興開発銀行（IBRD）と、最貧国の開発プロジェクトへの融資を目的とする国際開発協会（IDA）の両者の総称です。さらに民間直接投資を促進するうえでテロリズムのような非商業的リスクに対する保証業務を行う多数国間投資保証機関（MIGA）などを含めて5つの機関で世界銀行グループを形成しています。

IBRD（その後の世界銀行）は、外国為替の相場安定を目的に設立された国際通貨基金（IMF）と自由貿易を推進し国際貿易の拡大を目的に企図された新貿易機関とともに3つの機関で戦後の西側主導の経済体制を目指しました。しかし新貿易機関の設立がかなわず、「関税及び貿易に関する一般協定（GATT：ガット）」を結ぶことでIMF=GATT体制を敷くことになります。この体制はブレトンウッズ体制と呼ばれますが、それは1944年7月アメリカのブレトンウッズで開催された会議でアメリカ主導の資本主義下での市場経済体制を確立したことを意味します。しかし、1971年に金・ドル本位制（金1オンス＝35ドル）という固定相場制が崩れ、変動相場制に移行し、この体制は崩壊しました。

ただ、アメリカの主要な経済関係機関や国際開発金融機関がワシントンDCに集まっていることから「ワシントン・コンセンサス」で世界の市場経済が動かされているという見方もあります。いずれにしても世界銀行や地域開発銀行などの国際開発金融機関は外発型の開発途上国支援の形態といえます。

また、外発型の形態の例として、国連総会の補助機関として1966年に設立された国連開発計画（UNDP）があります。UNDPは国連加盟国の自発的な特別拠出金をもとに開発途上国の経済、社会発展の技術支援プロジェクトの策定や管理を行います。支援の範囲も広く所得向上、健康改善、選挙などの民主化支援なども含みます。プロジェクト遂行のパートナーとして国際NGO、現地NGOなど非国家主体のみならず政府など様々な団体や組織と連携しています。

UNDPは1990年以降に『人間開発報告書（*Human Development Report*）』を発行して、毎年各国の開発状況の進展具合を広報しています。この報告書の特徴は人間開発指数（Human Development Index：HDI）を基準に「人間開発」の必要性を訴えていることです。UNDPによると、HDIは「長寿、知識、人間らしい生活水準の3つの分野」で測ったものです。「1に近いほど、個人の基本的選択肢が広い、つまり人間開発が進んでいることになる」と説明しています。

具体的には、教育指数には総就学率と成人識字率が反映され、保健指数には出生児平均余命が採用されています。3つ目の指数は購買力平価（自国通貨と外国通貨の購買力の比率）で計算した1人当たりのGNI（国内総所得）の指数です。これらの3つの指数は、健康や教育という日常生活に不可欠な社会サービスの度合いと、私たちの日常生活を維持していくうえでの所得を測るもので、開発の現状を理解するうえで注目に値します。

表3-2は世界銀行のGNIに基づく世界ランキングとUNDPのHDIに基づく世界ランキングを比較したものです。本章第1節で学習した世界で上位を占める経済規模の国々の順位は、HDIの水準で比較すると必ずしも一致していません。なお、世界銀行のGNI総額の数値は『世界開発指標』（2022年7月25日版）から、またHDIは『人間開発報告書2021/2022』から得られた2021年度の数値です。

表 3-2　世界銀行（GNI）と国連開発計画（HDI）による豊かさランキング比較

順位	世界銀行の 2021 年 GNI 順位（米ドル）		UNDP の 2021 年の HDI 順位	
1	アメリカ合衆国	23.37 兆ドル	スイス	0.962
2	中国	16.79 兆ドル	ノルウェー	0.961
3	日本	5.36 兆ドル	アイスランド	0.959
4	ドイツ	4.24 兆ドル	香港（中国）	0.952
5	イギリス	3.06 兆ドル	オーストラリア	0.951
6	インド	3.03 兆ドル	デンマーク	0.948
7	フランス	2.96 兆ドル	スウェーデン	0.947
8	イタリア	2.11 兆ドル	アイルランド	0.945
9	カナダ	1.85 兆ドル	ドイツ	0.942
10	韓国	1.81 兆ドル	オランダ	0.941

また、経済活動の規模を示す指標に、長らく国民総生産（Gross National Product：GNP）が使われていましたが、2001 年以降は経済のグローバル化で日本企業の海外展開や逆に外国企業の日本展開もあり、日本国内での生産活動を反映させた国内総生産（Gross Domestic Product：GDP）の概念が用いられるようになりました。ただ、1993 年に国連が「国民経済の体系（1993SNA）」を導入したことで、「生産」の観点から「所得」の観点を重視する国民総所得（Gross National Income：GNI）が世界銀行などの国際機関の統計で使われるようになりました。本章でも GDP と GNI の両方が使われていますが、両者の数値は原則一致していると考えてください。

【課題研究 3-4】

経済活動の規模を示す GNI と 3 つの指数からなる HDI の順位が異なっています。ちなみに、GNI 上位 3 カ国の HDI の数値は、0.921、0.768、0.925 となっています。この両者の数値の違いから何が読み取れるかを考えてみましょう。

最後に、このような外発的な側面からの支援ではなく、開発途上国が自ら実践する内発的な開発の取り組みを紹介します。内発的発展は、上述してきた1960年代に西欧主導の開発・発展（近代化論）に対する「もう1つの発展」として70年代以降活発に議論されました。日本での内発的発展論を主導した社会学者の鶴見和子は共編著『内発的発展論』(1989年)の中で、内発的発展は人類共通であるものの、目標達成への社会モデルは多様性に富んでいると述べています。

人類共通の目標とは「地球上のすべての人々および集団が、衣・食・住・医療の基本的必要を充足し、それぞれの個人の人間としての可能性を十分に発現できる条件を創り出すことである」とし、「現在の国内および国際間の格差を生み出す構造を、人々が協力して変革することを意味する」と述べています。そして目標実現に向けて「それぞれの地域の人々および集団が、固有の自然生態系に適合し、文化遺産（伝統）に基づいて、外来の知識・技術・制度などを照合しつつ、自律的に創出する」ことであるとまとめています。

このような従来の外発的な開発の形態ではなく、地域を主体とする内発型（下から）の開発のあり方が問われだしたのです。日本では国家（政府）主導のトップダウン型の急速な経済発展に成功した一方で、水俣病などの公害が地域の人びとの健康や環境を破壊したことが知られています。哲学者のイヴァン・イリッチは「暴力としての開発」を指摘し、開発が本来有する地域の人びとの特有の文化、最低限の物質的精神的な基礎（「サブシステンス」と呼びます）を維持していくことを破壊することがあってはならないと述べています。

例えば、内発的発展を実践しているスリランカのサルボダヤ・シュラマダーナ運動（シンハラ語で「すべての目覚め」）は、アリヤラトネが仏教原理に基づき、アジア的な開発のあり方を提案した活動です。スリランカに適応可能な適正技術を導入し、コミュニティレベルの産業のあり方を重視しています。先進工業国が過度に重化学工業に特化したことで軽視されてきた地域の人びとの健康や生態系への悪影響を回避し、その一方で情報化社会の利点を活かした開発のあり方を模索しています。

もう１つの事例を挙げておきます。マイクロ・クレジット（小口融資）で知られているバングラデシュのグラミン銀行です。チッタゴン大学教授だったムハマド・ユヌスが農村女性の竹細工や裁縫などの零細事業の支援として無担保の融資を始めた事業です。「貧困は人工的産物であることから必ずなくせる」という強い信念から取り組みました。イスラムという男性社会の中で女性の役割を重視したコミュニティ主導の内発的な開発による貧困脱却への挑戦でした。

【課題研究 3-5】

外発的な開発（トップダウン型）と内発的な開発（ボトムアップ型）のそれぞれの利点と欠点は何かを考えてみましょう。

第３章のまとめ

世界に拡大する豊かさの国家間および国内での格差を踏まえて、新たな貧困撲滅と開発のあり方を整理・分析してみましょう！

第２節で世界の所得や個人資産の格差の現状を理解しました。改めて新型コロナウイルス・パンデミックを踏まえたうえで、国際NGOオックスファム・インターナショナルが2022年5月22日に発行したプレス・リリースの内容を以下に載せてみます。

・現在、2020年よりも573人増えた2668人の億万長者が、3兆7800億ドル増の12兆7000億ドルを所有しています。
・世界の富豪10人が所有する富は、人類の下位40％に当たる31億人が所有する富よりも多くなっています。
・上位20人の億万長者は、サハラ以南のアフリカの全GDPよりも多くの富を所有しています。
・下位50％の労働者が、上位1％の人が1年で得られる富を得るには、112年間働かなければなりません。
・パンデミックの影響で、ラテンアメリカとカリブ海諸国における400万人の女性が、介護が原因で変則かつ過重な負担を強いられ、通常の労働力からはずされています。アメリカでは、有色人種の女性の半数が時給15ドル未満で働いています。

パンデミックの影響は貧富の格差をいっそう顕著にさせています。モデルナやファイザーのような製薬会社はワクチン開発の独占的支配権だけで毎秒1000ドルの利益を上げています。しかし、低所得国の87％の人びとはまだ十分にワクチン接種を受けていない状態です。オックスファムは、超高収入の多国籍企業への課税で2020年に1040億ドルの歳入が得られると試算しています。また、極端な富を独占する億万長者に5%の富裕税を課すことで、年間2兆5200億ドルを生み出し、これにより23億人を貧困から救い、世界のワクチンを十分に製造し、低・中所得国の人びとへ国民皆保険と社会保護を提供することが可能であると指摘しています。

オックスフォード大学関係者などで第二次世界大戦下の1942年に設立された「オックスフォード飢餓救済委員会」は、1963年に「オックスファム」と名称を変更し、90年代にオックスファム・インターナショナルとなりました。世界では日本を含め、同組織の人道支援などの活動に多くの団体が賛同を示しています。もちろん、オックスファムに限らず、貧困撲滅に取り組む多くの国際NGOもありますし、現在はSDGs達成ための国際的な取り組みが政府を含む様々な団体で実施されています。

繰り返しになりますが、「貧困」は基本的人権の侵害を意味します。それゆえに、私たちは国内外の貧困撲滅にともなう国際協力に真摯に向き合う必要があるのです。

【新しい研究課題の設定に向けて3】

1948年の国連総会第3回総会で採択されたのが世界人権宣言です。英語では、Universal Declaration of Human Rightsと呼ばれます。つまり、人権に関する普遍的な宣言ということになります。その宣言の前文に「恐怖及び欠乏のない世界の到来が、一般の人々の最高の願望として宣言された」とあります。恐怖に関しては第1章で学習した戦争や紛争が典型的な事例になりますが、欠乏は本章で扱った貧困はもちろん、さらには構造的暴力も該当するはずです。いま一度、ガルトゥングの構造的暴力を確認してみましょう。

第4章 環境破壊をどのように防ぐのか

1 国際社会が直面する環境破壊についての問題意識を高めましょう！

「環境」とは私たちを取り巻く周囲を指します。その周囲とは私たち人間だけではなく、動物、植物を含む生物が相互に影響しあっている世界です。第3章で触れたように、急速で外発（トップダウン）型の経済開発のために、人びとの健康や地域の環境を軽視した結果、日本は世界に類をみない公害を経験しました。いまだその後遺症に苦しんでいる人びとがいます。人間以外の生物も当然ながら多くの被害を受けていたことは想像に難くありません。

このような、環境汚染を避けるために、開発がもたらす環境への影響を事前に予測したり、評価したりすることを環境アセスメント（環境影響評価）と呼びます。いまや内外の開発プロジェクト案件を作成するうえで重要な条件になっています。例えば、日本の政府開発援助（ODA）で実施される案件はほとんどが国際協力機構（JICA）の担当業務です。そこで、JICAは「環境社会配慮ガイドライン」と「異議申立手続要綱」を明らかにし、環境や社会面に配慮した案件の実施に取り組んでいます。

また、環境破壊は私たち人間が直接的な開発を通じて起きる場合がある一方で、開発による間接的な影響によって引き起こされる場合もあります。現在毎日のようにテレビ等のニュースで流れる世界各地の自然災害の多くは開発の直接的な影響よりも、むしろ間接的影響によるものが大きいようです。その代表的な問題が地球温暖化による気候変動です。温暖化の影響と考えられる豪雨による洪水や地滑り、干ばつによる食糧危機や水不足、熱波による山火事や森林火災など、もはや周知の事実となっています。

そこで、まずアジア防災センター（Asian Disaster Reduction Center：ADRC）が発表する直近の災害情報を確認してみましょう。2022年8月に、韓国のソウルなどで記録的な豪雨を記録し、死傷者が出ています。日本では日本海側を中心に豪雨が襲い、洪水や土砂崩れで東北・北陸地方で約 54 万人に避難指示が発令されました。7 月にはアメリカのカリフォルニアで熱波による森林火災が発生し、6000 人以上が避難を余儀なくされ、ケンタッキー州東部では、鉄砲水が発生し 15 名の死者と多くの行方不明者を出しています。

これらは 2022 年の災害情報に基づく被害の一例です。本書が出版されるまでに残念ながらこのような自然災害は続くことになるでしょう。ところで、国際社会は深刻化する自然災害にどのように向き合っているのでしょうか。もちろん、地震や台風などを含む自然災害の多い日本では、災害予防（防災）を掲げています。さらに最近では、災害はもはや予防できないという観点から被害を最小限に抑えようとする減災という考え方も重視されるようになりました。

本章では、第 2 節で私たち国際社会がいかに環境問題に目を向けてきたのかをたどってみます。環境と開発が実は表裏一体の関係として捉えられていく背景があったことを学びましょう。第 3 節では、環境問題といってもその範囲は広く、いま私たちにとって最も深刻で喫緊の課題はやはり温暖化対策です。いかに温室効果ガス（CO_2）排出を削減できるのか。国際的な取り組みを調べてみます。第 4 節では、具体的にどの程度、気候変動にともなう自然災害が増大しているのかを確認し、第 5 節で改めて最近注目を集める気候安全保障の概念を取り上げてみます。最後に本章のまとめをします。

2 環境問題に対する国際社会の取り組み

すでに各章で触れていますが、2015 年から SDGs の目標達成に向けて国際社会は取り組んでいます。SDGs は「持続可能な開発目標」を指しています。実はこの「持続可能な開発」というフレーズは意外と長い歴史を持っています。また、この「持続可能な開発」と環境とは切っても切れない関係にあるのです。

1972年に民間の研究機関ローマ・クラブが、当時の爆発的な人口増加と経済成長による環境汚染が続いた場合、地球上の成長は100年以内に限界に達するだろうという衝撃的な報告書を出しました。要するに、地球資源、食糧生産、環境は有限であり、人口増加の速度にはついていけない。その結果、食糧不足、資源の枯渇、環境汚染によって、地球と人類は100年以内に破滅的な危機に直面するだろうという内容の予測を発表したのです。

この報告書は、先進工業国が豊かさだけを追求することへの強い反省を促したわけです。日本においても、1960年前後からの急速な経済発展の負の側面として熊本県の水俣病、新潟県阿賀野川流域の新潟水俣病、富山県のイタイイタイ病、三重県四日市のぜんそくの「四大公害病」などに代表される環境汚染による人体被害を経験しています。前章で学習した日本での内発的発展論の議論は、これら公害問題が背景にあったことは確かです。

さて、ローマ・クラブの発表した「成長の限界」は先進工業国に環境問題の重要性を再確認させました。同年の1972年6月に国連主催の初めての環境会議として、国連人間環境会議がスウェーデンのストックホルムで開催されました。同会議の公式スローガンである“Only One Earth”「かけがえのない地球」は世界で瞬く間に広がりました。

同会議では、「人間環境の保全と向上に関し、世界の人々を励まし、導くための共通の見解と原則が必要である」とし、環境問題に取り組む原則として、前文7項目および原則26項目からなる「人間環境宣言」が出されました。前文の7項目の中には、「人は環境の創造物であると同時に、環境の形成者である」、「人間環境を保護し、改善させることは、世界中の人々の福祉と経済発展に及ぼす主要な課題である」、「人は、たえず経験を生かし、発見、発明、創造および進歩を続けなければならない」、「開発途上国では、環境問題の大部分が低開発から生じている」とあり、7項目の最後に「国連人間環境会議は、各国政府と国民に対し、人類とその子孫のため、人間環境の保全と改善を目ざして、共通の努力をすることを要請する」（環境省訳）として、宣言の意義を訴えています。

ストックホルム国連人間環境会議開始日の6月5日は国連では「世界環境の日」として定められ、同会議の決議に基づき同年の国連総会では環境保護を目的とする国連環境計画（UNEP）が国際機関として設立されました。本部はケニアのナイロビにあり、環境と国、社会、経済のあり方が活発に議論されています。

国連人間環境会議は「環境」を主題とした初めての国連主催会議でしたが、1984年に国連に設置された「環境と開発に関する世界委員会」は、「環境と開発」の議論につながる賢人会議でした。この委員会はノルウェーの首相を務めたブルントラントが委員長であったことから「ブルントラント委員会」とも呼ばれています。同委員会が87年に出した報告書*Our Common Future*（『我ら共有の未来』）では「将来世代の欲求を満たす能力を損なわないように、現在世代の欲求を満たすような開発」、つまり「持続可能な開発（Sustainable Development）」の概念が提唱されたのです。

環境と資源を利用する権利を現在と将来の世代間に公平に分配することを示す概念として「持続可能な開発」が生まれたのです。要するに、国連人間環境会議では環境と開発はトレード・オフ（片方を追求すると他方が犠牲になる）関係として考えられていましたが、ブルントラント委員会では環境と開発の両方のバランスをとることでウィン・ウィン（両方とも達成される）関係になると訴えたわけです。確かに発想の転換でしたが、「言うは易し、行うは難し」の格言通り簡単なことではありません。

「持続可能な開発」は1992年のブラジルのリオデジャネイロで開催された国連環境開発会議（地球サミット）に引き継がれていきます。国連主催の会議として、178加盟国・地域が参加し、27項目からなる21世紀に向けた世界の環境保全のあり方を示した「環境と開発に関するリオデジャネイロ宣言（リオ宣言）」を発表しています。

また、地球サミットでは地球温暖化を防止するうえで温室効果ガス（CO_2）の排出削減を目的とする気候変動枠組条約も調印されています。この条約の第3回締約国会議（Conference of Parties：COP3）で採択されたのが京都議定書で、1990年を基準として2008年から2012年のCO_2排出量の削減の平均を先進国全体で5.2%とすることを定めたものでした。アメリカは中国を含む途上国に削減が義務づけられていないことを理由に離脱を表明しました。ちなみに日本は6%、ヨーロッパ連合（EU）は8%で、アメリカは7%の削減率を求められたのです。

それ以外に、地球上の多様な生物種の保存・利用、さらに遺伝子資源から得られる利益の公平な分配を目的とした生物多様性条約の調印や森林原則宣言も採択されました。行動計画としてはアジェンダ21が、リオ宣言の原則を実現するために国際機関、各国政府などに示されました。国連には経済社会理事会の下部機関として「持続可能な開発委員会（CSD）」が設置され、地球サミットの成果や実施状況、アジェンダ21のフォローアップと実施状況の審査も行っています。

具体的には2002年には南アフリカのヨハネスブルクで「持続可能な開

発に関する世界首脳会議（リオ＋10）」が開催されました。会議ではアジェンダ21の実施強化に向けた「ヨハネスブルク実施計画」が示され、同行動計画の実施状況の包括的見直しを含む策定後の新たな課題を議論しました。また、2012年に再びリオデジャネイロで「国連持続可能な開発会議（リオ＋20）」が開催され、ミレニアム開発目標（MDGs）の達成年度を踏まえ、2015年から国際社会が取り組むべきSDGsを策定したのです。これら国連主催の国際会議には、積極的にNGOなどの市民社会の参加を促し、政府間会議での限界を乗り越えようとする意図がうかがえます。

【課題研究 4-1】

皆さんも様々な機会を通じてSDGs達成に向けた取り組みを知っているかと思います。つまり、“Sustainable Development”「持続可能な開発」への取り組みですが、実際のところ開発と環境のバランスを持続しながら経済発展を進めていくことが難しいのはいうまでもありません。両者のバランスを維持するうえで重要なことは何でしょうか。

3 温暖化対策に向けた国際的取り組み

第2節では「環境問題」に対する国際社会の動向を確認しました。本節では、特に環境問題でも地球温暖化対策に焦点を当てます。地球サミットの成果として気候変動枠組条約、つまり地球温暖化防止条約を確認しました。具体的には1997年の気候変動枠組条約の第3回締約国会議（COP3）で採択された「京都議定書」と呼ばれるものです。繰り返しになりますが、1990年を基準として2008年から2012年の平均を先進国全体で5.2%、アメリカは7%、日本は6%、EUは8%とするCO_2排出量の削減を定めたものでした。

　また、2012年以降の世界の取り組みとしてポスト京都議定書の話し合いが議論され、15年に「パリ協定」が採択されました。環境と開発の立場から先進国と途上国の考え方の対立は激しく、なかなか妥協点を見出せない状況でしたが、すべての国が削減に取り組むことで合意ができました。世界の気温は上昇し続け、台風、洪水、干ばつ、熱波、海面上昇などの温暖化の影響を無視できない状況に直面し、途上国側も「パリ協定」を受け入れたのです。なお、アメリカはトランプ政権で2020年にいったんは離脱するも、バイデン政権で2021年に復帰しています。

　皆さんは気候変動に関する政府間パネル（IPCC）という組織を知っていますか。1988年に世界気象機関（WMO）と国連環境計画（UNEP）の呼びかけで、政府間組織として各国政府の気候変動に関する政策に科学的根拠を与える目的で設立された組織です。世界中の科学者の協力で定期的な報告書を出し、気候変動に関する最新の科学的知見に基づく評価を国際社会に提供しています。

　ここでIPCCが2022年6月に公表し、国際社会に衝撃を与えた第6次評価報告書を確認してみます。2015年に採択された「パリ協定」では、産業革命前からの気温上昇を2℃より低く、島国などの影響を最小限にできる1.5℃までに抑える目標を掲げました。しかし、本報告書では、この目標の達成はかなり厳しく、現状のまま進めば今世紀末の気温は3.2℃まで上昇すると述べています。それゆえ、早急な世界の取り組みが必要であると警鐘を鳴らしました。また、報告書では「人間の影響が大気、海洋及び陸域を温暖化させてきたことに疑う余地はない」と断言したのです。

　表4-1は、「人間の影響がない気候」での気温上昇における極端な高温（熱波）、干ばつ（水不足）、大雨（暴風雨）を示しています。温暖化と人間活動の関係については、1990年の第1次報告書では「気候変化を生じさせる恐れ」、95年第2次報告書では「影響が全地球の気候に現れている」、

表 4-1　地球温暖化の進行で予測される極端な現象

1850 ～ 1900 年平均	現在（1℃）	＋ 1.5℃	＋ 2℃	＋ 4℃
極端な高温☀ 1 回	☀→ 2.8 倍	☀→ 4.1 倍	☀→ 5.6 倍	☀→ 9.4 倍
* 極端な高温☀ 1 回	☀→ 4.8 倍	☀→ 8.6 倍	☀→ 13.9 倍	☀→ 39.2 倍
干ばつ 💧1 回	💧→ 1.7 倍	💧→ 2.0 倍	💧→ 2.4 倍	💧→ 4.1 倍
大雨☂ 1 回	☂→ 1.3 倍	☂→ 1.5 倍	☂→ 1.7 倍	☂→ 2.7 倍

注：「人間の影響がない気候」で、各温度の上昇で、＊は「平均 50 年に 1 回」発生する確率、それ以外は「平均 10 年に 1 回」発生する確率を示している。
出所：IPCC 第 6 次報告書より作成

2001 年の第 3 次報告書では「（温暖化の）可能性が高い」（66％以上）、07 年の第 4 次報告書では「可能性が非常に高い」（90％以上）、前回 13 ～ 14 年の第 5 次報告書では「可能性が極めて高い」（95％以上）、そして今回の IPCC 第 6 次報告書では上述したように「疑う余地はない」と、確かな裏づけに基づく自然科学的な分析と根拠で断言しています。

国際社会は「パリ協定」の「産業革命前からの気温上昇を 2℃より十分低く抑える」という「2℃以下の目標」達成に向け、二酸化炭素の排出をゼロにする必要が求められています。そのためにエネルギーの脱炭素化（カーボンニュートラル）を目指して、太陽光や風力の活用と拡大、エネルギー効率の向上、森林破壊の防止やメタンの削減が報告書では強調されています。しかしながら、コロナ禍の影響やロシアのウクライナ侵攻にともなう様々な食料やエネルギー価格の暴騰が残念ながら脱炭素化の流れに逆行しているのも現実です。

【課題研究 4-2】

世界の研究者が参加する IPCC の報告書は温暖化が深刻化していることを裏づけています。そこで**表 4-2** の CO_2 大量排出国・地域の上位はどのような削減目標を掲げているのかを調べてみましょう。

表 4-2　二酸化炭素（CO_2）排出量の多い国

順位	国名	2020 年の排出量：億トン／割合（%）	2030 年までの削減目標（何%か）	今世紀のいつ頃に CO_2 実質ゼロを目標か
1	中国	100.8 ／ 31.8		2060 年
2	アメリカ	42.6 ／ 13.4		2050 年
3	EU27 カ国	23.9 ／ 7.6		2050 年
4	インド	20.8 ／ 6.6		2070 年
5	ロシア	15.5 ／ 4.9		2060 年
6	日本	9.9 ／ 3.1		2050 年

出所：排出量／割合は国際エネルギー機関（IEA）に基づき環境省作成（ただし、EU を各国別でみた場合、日本は 5 位）、削減目標は外務省「気候変動：日本の排出削減目標」（2022 年 10 月 25 日）。

4　気候変動で増大する自然被害

本節では、気候変動で具体的にどのような自然災害が私たちの社会を襲っているのかを確認してみます。すでに表 4-1 で温暖化による気温上昇における様々な被害についての予測を IPCC 第 6 次報告書から紹介しました。そこで本節では、アジア防災センターの『自然災害データブック 2020』を利用して気候変動と関連する各災害発生件数を取り上げてみます。本データブックでは、1990 年から 2019 年までの過去 30 年間の世界全域とアジア地域の自然災害件数と、直近の 2020 年における世界全域とアジア地域での災害発生件数を比較しています。**図 4-1** で確認してみましょう。

それでは、データブックから主要な論点を紹介します。まず、1990 年から 2019 年までの過去 30 年間と 2020 年の単年度の比較から何が読み取れるでしょうか。すでに皆さんと前節の IPCC の報告書で学習してきたように地球温暖化による温室効果ガス（CO_2）の排出量が年々高まっていることから考えて、2020 年に近づくにつれ、より自然災害発生件数が増大している可能性が高いと思われます。それを踏まえて、過去 30 年間平均の災害発生件数が374件であるのに対して2020年は398件です。災害発生件数が近年急上昇していることがうかがえます。

地域別の内訳のデータをみてみると、アジア地域が全体の41%の163件です。南北アメリカ地域が91件、アフリカ地域が83件、ヨーロッパ地域で43件となっています。アジア地域の災害発生率の高さが際立っています。次に、気候変動と深く関連する洪水と暴風雨の発生件数をみると、

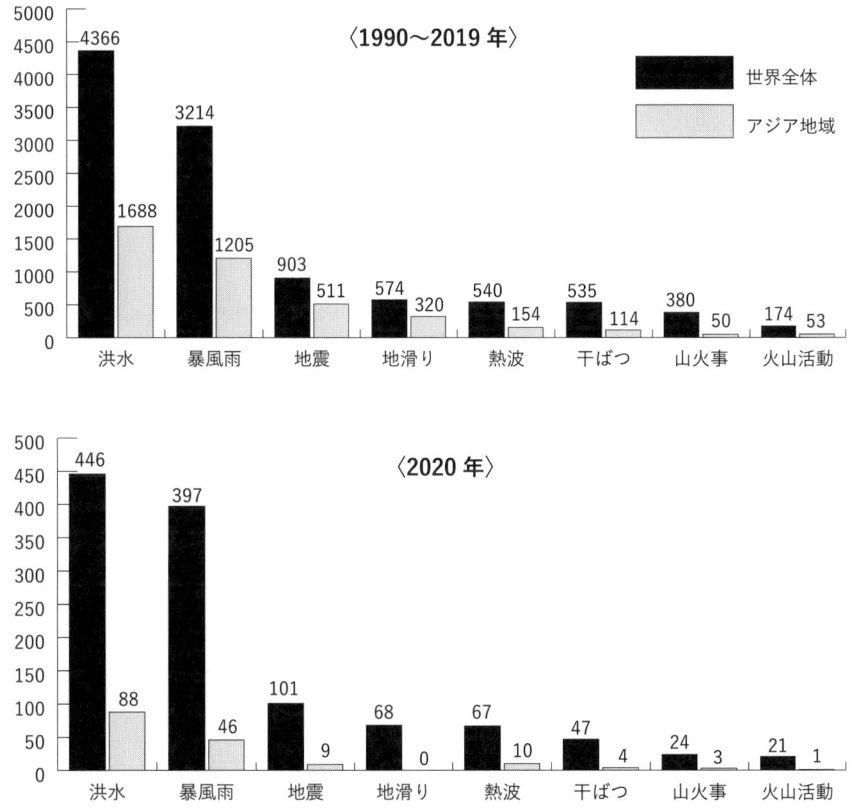

図4-1　気候変動に関連する世界全域とアジア地域の自然災害発生件数

過去30年間平均で138件と99件であったのに対して、2020年の単年度だけで201件と128件です。この急増から察しても温暖化の深刻さが理解できます。

自然災害による死者数のデータを確認してみます。過去30年間の死者数が6万2361人であるのに対して、2020年は1万5286人です（新型コロナウイルスによる死者数は含まれていません）。死者数に関しては、2004年のインド太平洋津波（スマトラ沖大地震）、2010年のハイチ地震、2011年の東日本大震災などの大地震で過去30年間の地震による平均死者数は2万7494人であり、直近の2023年2月のトルコ・シリア大地震でも死者数が5万人を超えたと報道されています。改めて地震の被害の大きさが確認できます。

また、暴風雨による過去30年間の死者数の平均が1万3697人であるのに対し、2020年は1742人で約8倍弱の格差になっています。これは超大型の台風、サイクロン、ハリケーンの発生が犠牲数に反映されています。例えば、私も現地調査する機会があったフィリピン中部を襲った2013年のハイエン（台風30号）では6200人を超える犠牲者が出たと聞きました。その他、地球温暖化に直接関わるような熱波や洪水の犠牲者数では過去30年間平均と2020年でほぼ同様の数です。熱波で5872人対6343人、洪水で6672対6171人となっています。

自然災害にともなう被害者数はどうでしょうか。過去30年間平均の被害者数は2億200万人に対し、2020年では9910万人です。当然ながら主要国を中心に防災や減災政策が反映しているはずですが、とはいえやはり地球温暖化に関連する洪水、干ばつ、暴風雨の被害者数は多く、過去30年間平均でもそれぞれ1億200万人、5790万人（2015/2016年のインドの干ばつが影響）、3170万人に対し、2020年ではそれぞれ3320万人、1880万人、4550万人となっています。やはり温暖化にともなう自然災害関連の被害者数は依然として多いことが理解できます。

最後に、これらの地球温暖化による自然災害の影響が、私たちの経済活動に対してどのような損害を与えているのかをデータで確認できます。特に経済的損害では暴風雨と洪水による被害が大きいと指摘しています。例えば、2011年10月のタイにおける大規模な洪水被害で、日本企業が入居していたハイテク団地の工場が軒並み浸水被害で操業停止に追い込まれました。データでは、過去30年間平均で自然災害による経済的損出は1085億ドルに対して、2020年は1731億ドルであったと指摘しています。

ちなみに、経済的損害額が大きい暴風雨の災害では、過去30年間平均で475億ドル、2020年には932億ドル、洪水の損害では、それぞれ257億ドルに対して515億ドルです。また、毎年繰り返されるアメリカのカリフォルニアや最近のオーストラリアやハワイ・マウイ島などのように、山火事や森林火災（Wildfire）が世界各地の熱波や干ばつを理由に多発しています。過去30年間平均で34億ドルであった損害は、2020年には112億ドルに急増しました。これらの災害による経済的損失の急増は国際社会の経済成長、さらには私たちの日常生活を脅かす大変な危機となっていることが理解できるはずです。

【課題研究 4-3】

地球温暖化を背景にした自然災害は確実に増大していることが理解できたはずです。また、それらの災害による経済的損失の額も膨大になっています。地球温暖化が私たち人類の取り組み不足であるとしたら、これらの災害を「自然災害」（天災）ではなく「人災」として捉えることが可能なのでしょうか。議論してみましょう。

5 「気候安全保障」の概念と「気候難民」・「気候移民」の増大

第1章で学習しましたが、国際社会には「安全保障」に関するいくつかの議論があります。ロシアのウクライナ侵攻は典型的な「国家安全保障」の問題であり、軍事力をもって国民国家を守る伝統的な安全保障観に基づきます。また、1990年代以降は、むしろ個々の人権を守る、あるいは人びとが日常生活を送るコミュニティを守る「人間の安全保障」の概念も登場します。「人間の安全保障」に関しては第6章で詳しく考えてみます。

それでは本節で議論する「気候安全保障」とはどのような安全保障でしょうか。おそらく本章の議論を通じて少しは想像がつくのではないでしょうか。ここでは国立環境研究所社会環境システム研究センター長の亀山康子氏の研究を紹介します（『朝日新聞GLOBE』2021年4月、No. 240）。「気候安全保障」は、すでに本章第2節で確認した1992年の地球サミットで広まった考え方です。冷戦後の世界では軍事面だけではなく環境面も重要視され、地球温暖化や気候変動が国際的政治課題として扱われるようになったことが背景にあります。

表4-3の具体的な定義をみると、第1基準では地球温暖化や気候変動が国際政治的な危機として認識されました。その一方で、アメリカは京都議定書から離脱し、イギリスは地球温暖化問題を国連安全保障理事会の議題として提起します。その結果、地球規模の変化を前提に、とにかく温室効果ガス排出量削減の話し合いが喫緊の課題として「気候安全保障」の背景になりました。

第2基準では、台風や洪水、熱波などによる個人への被害、干ばつによる食料不足、ダムの枯渇による水力発電所の電力不足など、具体的に私たちの日常生活が脅かされている点に鑑みて気候変動からの影響を軽減する対応策が「気候安全保障」として求められるようになりました。

表 4-3　「気候安全保障」の 4 種類の定義

気候安全保障の4種類／その目的と手段	1：長期的かつ不可逆的な地球規模変化	2：個人への短期的かつ突発的なリスク	3：紛争や暴力の根源的要因	4：軍事力や防衛力への影響
何を脅威としているのか	地球規模の変化	異常気象による地域、個人レベルの様々な損害	人々の移住など人の対立の原因となるもの	海面上昇などの長期的な変化や異常気象
何を守ろうとしているのか	地球、人類、生態系	人々の生活やその前提となる食料やエネルギーなどの安定供給	民族などの基本的なまとまり	国土、軍事施設、防衛施設
安全保障のための手段	温室効果ガスの排出量を削減する緩和策	気候変動による影響を軽減する適応策	社会不安につながる要素の除外	防衛、軍事的分野での適応策

出所：『朝日新聞 GLOBE』2021 年 4 月、No. 240.

第 3 基準は、気候変動にともなう災害に直面した人びとは究極的に移動をしていくことになります。これが「気候難民」「気候移民」と呼ばれる人びとです。ところが、移動先の人びとの既得権益を侵すこともあり、その結果紛争や治安の悪化を生むことになります。要するに、人びとの移住が対立の原因となり、それが生み出す社会不安を除去する観点から「気候安全保障」として期待されます。

最後の第 4 基準ですが、軍隊は国防軍として他国からの攻撃に備えているわけですが、気候変動にともなうハリケーンや海面上昇で、軍の施設が損害を受け、防衛力に影響が出始めている状況が背景にあります。国土、軍事施設、防衛施設を維持するために「気候安全保障」が求められます。

「気候安全保障」という概念はまだまだ日本では聞き慣れない言葉ですが、地球温暖化と気候変動は明らかに様々な観点から私たちの日常生活を奪っています。その意味から確かに「安全保障」の対象になりつつあります。

世界銀行の 2021 年 9 月の報告書『大きなうねり（*GROUNDSWELL: Acting*

on Internal Climate Migration)』によると、気候変動にともなう水不足の深刻化、農作物生産性の低下、海面上昇などを理由に、世界の6地域で2050年までに2億1600万人が国内移住を余儀なくされる可能性があると指摘しています。具体的には、サハラ以南アフリカで8600万人、東アジア・大洋州で4900万人、南アジアで4000万人、北アフリカで1900万人、ラテンアメリカで1700万人、東ヨーロッパ・中央アジアで500万人の国内避難民が発生するというものです。まさに「気候難民」や「気候移民」の現実性が高まっています。

同報告書では、気候変動にともなう移住要因の緩和に備えるための4つの政策提言を行っています（世界銀行プレスリリース、2021年9月13日）。

①世界全体の温室効果ガス排出量を削減し、パリ協定の気温上昇抑制目標の達成に向け全力で取り組む。
②将来を見据えた、環境に配慮した強靭（柔軟で粘り強い）で包摂的な開発計画に、気候変動による国内移住の問題を取り込む。
③移住の段階別に準備を整えることで、気候変動による国内移住を適応戦略として位置付け、望ましい開発成果をもたらすことができるようにする。
④気候変動による国内移住の要因について理解を深めるための投資を進め、的を絞った政策の策定に役立てる。

【課題研究 4-4】

国際社会は、地球温暖化による気候変動で多くの災害に直面しています。「気候安全保障」の考え方の背景には、これら災害の物理的な被害と同時に、実は社会経済的な影響が極めて大きいことも存在しています。この「社会経済的な影響」の具体的な内容について考えてみましょう。

第４章のまとめ

「地球市民」である意識を前提に、新たな災害予防や減災に向けた「環境問題」解決のあり方を整理・分析しましょう！

「環境問題」解決の難しさは、何よりも各個人で「温暖化＝災害」という実感が湧かないところにあります。私たちは確かに最近多発する自然災害で、日本国内のみならず海外においても大きな被害が出ていることを様々なメディアを通じて理解しています。実際、私たちの日常生活でもゲリラ豪雨による川の氾濫や洪水、鉄砲水などの理由による地滑り、干ばつや猛暑による水不足や作物への影響など、新たな被害の続出で少し前の被害を忘れてしまうほどです。しかしこれらが、温室効果ガスの排出による温暖化の影響であるとまでは想像がいきつかないのも本音です。

皆さんも知っているはずのスウェーデンの環境活動家グレタ・トゥーンベリさんは、15歳のときに「気候のための学校ストライキ」と書いた看板を掲げて、気候変動学校ストライキ運動でスウェーデンのみならず世界でも知られるようになりました。2019年の国連気候変動枠組条約第25回締約国会議で演説するなど、気候変動を自らの世代の喫緊の課題として、ソーシャルメディアなどを積極的に利用し、国際世論を動かし、世界の政治家に環境問題解決へ向けた結束を訴えています。

環境問題は核兵器などの大量破壊兵器問題とは性質が異なるものの、地球上の人類が共存できるのか、それとも共滅するのか、まさに運命を共有する課題として、グレタさんの訴えは説得力を持ちます。かつてアメリカの経済学者であるケネス・ボールディングが「宇宙船地球号」という言葉を使いました。つまり、地球を一つの宇宙船と見立て、当然ながら宇宙船の中のものは有限であることから、宇宙船の中で出す物質は内部を汚染するという考え方です。地球環境も同様で、私たち人類は「宇宙船地球号」

の乗組員であることを認識する必要があるということです。その意味で、私たちは一国家の国民の立場を超えた「地球市民」としての立場で環境問題に取り組むことが求められているのです。

ところが、本章で学習してきたように「環境」と「開発」は表裏一体の関係です。ときには両者は対立関係にもあります。まず皆さんは、第一世代の人権としての自由権や、第二世代の人権としての社会権（生存権）の成立の歴史を学習したと思います。日本国憲法の第 3 章「国民の権利及び義務」の中で思想及び表現の自由、信教の自由などの自由権、また教育を受ける権利や義務、勤労の権利及び義務などの社会権に関するものです。両権利は私たちの日常生活を守るうえで必要な基本的人権です。

ユネスコの人権・平和部門長であったカレル・バサックは 1977 年に自らの論文で第三世代の人権として「連帯の権利」を取り上げています。具体的には「発展（開発）の権利」「環境の権利」「平和の権利」「人類の共通遺産の所有権」が含まれています。また、1986 年 12 月 4 日の国連第 41

回総会では「発展（開発）の権利に関する宣言」が採択されました。このように、「発展（開発）の権利」は、自由権、社会権に次ぐ第三の人権として国際社会に認識されたのです。しかしその一方で、すでに「環境の権利」に関しても学習してきた通りです。

このように、「開発」も「環境」もどちらも重要な権利として、開発途上国と先進工業国ともに合意したのが「持続可能な開発」でした。両者はこの概念で妥協点を見出すことになったのです。しかしながら、「開発」を主張し、「環境」に消極的であったのは開発途上国だけではありませんでした。国益を理由に地球公共財としての「環境」に後ろ向きの政治指導者もいます。

例えば、中国に次ぐ温室効果ガス排出国のアメリカはすでに述べたようにジョージ・W・ブッシュ大統領が京都議定書から離脱をしました。理由は京都議定書の CO_2 削減対象国が先進国だけという不満に加え、アメリカがエネルギー危機にあり、経済に深刻な打撃を与えることになると主張しました。ゆえに、国際社会は革新的なアプローチの開発を重視するべきであると述べて京都議定書を拒否したのです。

ポスト京都議定書である「パリ協定」に関しては、ドナルド・トランプ大統領がバラク・オバマ政権時代に加盟を決めたものを離脱しました。化石燃料（石炭・石油・天然ガス）分野の規制緩和、原油パイプラインの建設計画の推進によるエネルギー分野の雇用創出や輸出促進を掲げ、具体的にパリ協定締結で2025年までに製造業部門で44万人、アメリカ全体で270万人の雇用が失われ、2040年までにGDPで3兆ドルが喪失することになると述べて離脱を決めました（JETRO「ビジネス短信」2019年11月11日）。

これら2人のアメリカ大統領は地球的課題の温暖化防止の取り組みよりも自国の経済活動を重視しました。トランプ大統領の「アメリカ第一」主義はあまりに有名な言葉です。要するに、環境問題には絶えず自国の開発

（経済発展）との駆け引きが先進国ですら起きていることを理解しなくてはなりません。地球公共財であるはずの「環境」問題において私たちはフリーライダーであってはならないはずですが、絶えず「他人任せ」の考え方が存在しているのです。その結果、すでに第５節で学習したような温暖化にともなう自然災害が急増し、自らの土地が海面下になり、すべての財産を捨てて「気候移民」「気候難民」となる人びとが増大し続けているのです。

【新しい研究課題の設定に向けて４】

環境問題を考えるヒントとして、「コモンズの悲劇」という概念があります。生物学者のガレット・ハーディンが提起したものです。「コモンズ（commons）」は共有地という意味ですが、個々人が共有地だからといってそれぞれがその適応能力を超えて勝手に行動をとるならば、結果的には共有資源の荒廃を生んでしまうという考え方です。本章の環境問題にもよく適用される公共財の議論です。非排除性（誰も排除しないこと）と非競合性（誰が利用しても価値が減らないこと）のバランスをいかに保つのかについて議論してみましょう！

第5章

「平和の定着」に向けた国際貢献とは何か

1 「平和の定着」に向けた国際貢献に対する問題意識を高めましょう！

まず皆さんは「平和の定着」という言葉を知っていますか。日本の政府開発援助（ODA）政策を進めるための基本理念です。英語では “Consolidation of Peace”（平和を強化すること）です。「平和」が地球公共財である以上、日本政府や日本国民がフリーライダー（ただ乗り）になることなく、平和の安定、平和の確保のための国際協力を実行するという内外に向けた宣言です。すでに公共財に関しては前章で学び、また第2章で学習した「紛争後の平和構築」の目的とも重なり、紛争を再発させないという、紛争予防に対する国際貢献が含まれます。

しかしながら、「国際貢献」は広い概念です。これを「国際的な平和の構築に貢献する」というような表現に置き換えるとイメージが湧くかもしれません。もし「国際的な」を「ウクライナの平和の構築に貢献する」と置き換えると、厄介な問題も存在します。日本の国際貢献は第二次世界大戦後から非軍事的な平和主義を基本に据えてきました。日本国憲法でも第2章第9条で「戦争の放棄」をうたっています。日本の平和主義は、いまや世界各地で知られており、「戦争をしない国」として認識されています。

さて話は戻りますが、現在欧米諸国を中心にロシアの軍事侵攻を非難し、アメリカなどでは新型のハイテク兵器をウクライナに供与し、ロシアとの戦闘を支えています。もちろん、日本にはこのような軍事支援は憲法上不可能ですし、何よりも憲法で「武力による威嚇または武力の行使は、国際紛争を解決する手段としては、永久にこれを放棄する」とうたっています。自衛隊は軍事組織ではなく、専守防衛の組織ですから、基本的に他国の軍隊のような役割は期待されません。

したがって、「ウクライナの平和」のために日本ができることは、紛争および紛争後の緊急人道支援から復旧・復興支援、さらには開発支援が中心になります。1992年に国際平和協力法が制定され、日本の国際平和への貢献として3項目が決まりました。第1に、国連平和維持活動への参加です。しかしながら、すでに述べたように日本の場合は、直接的な軍事支援ではなく後方支援であり、そのため自衛隊は主にインフラ整備などの役割を担っています。平和維持活動（PKO）に関しては複合型派遣団が増大していることから、文民警察、選挙、復興・開発などのガバナンス支援も含まれます。

第2の役割は、人道的な国際救援活動です。紛争による被害者への救出や帰還などの支援、食糧、医療、医薬品などの配布や医療活動も含まれます。

最後の第3に、国際的な選挙監視活動です。実は私も選挙監視活動で3回PKOに参加しました。紛争後の民主化支援の一環です。紛争後国家には正統な政府が求められますが、国民はもちろん、支援を行う国際社会からの信任が必要になります。選挙監視活動は、「自由で公正な」選挙実施を監視・管理するのが目的です。

「平和の定着」のための支援は、上述した政府間による二国間支援だけではありません。国際機関などを通じた多国間支援も重要ですし、二国間支援や多国間支援を行ううえで必要な国際NGOや現地NGOとの連携も期待されます。また、実際の二国間支援で復旧・復興、さらには開発支援を実施する機関として国際協力機構（JICA）や企業の役割も重要です。JICAからの技術協力支援として、青年海外協力隊やシニアボランティアも派遣されます。

このように、「平和の定着」に向けた国際貢献の範囲は広く、支援分野も多様なのです。本章では、第2節で「平和の定着」を掲げる日本の政府開発援助（ODA）を確認してみます。ODAの範囲も広く、様々な支援の形態があることを理解してもらいます。第3節では、1992年に設定された「政府開発援助大綱」が10年を経た2003年に改定がなされ、2015年には名称も「開発協力大綱」として再編され、2023年には新大綱が策定されました。本節では1992年以来の経緯を振り返り、今後の日本のODAの役割を考えてみます。

第4節では、国際社会が多様な価値観を有する国家で形成されているにもかかわらず、西欧社会は国際貢献に向けた支援条件として「グッド・ガバナンス（良い統治）」という考え方を取り入れています。国際機関では世界銀行が最初に導入した概念ですが、そもそも一国の政治体制において「“Good”とは何をもって“良い”」のかを検証する必要があります。他方で、国際社会には規範として「内政不干渉」原則があり、国連憲章にも掲げられています。「グッド・ガバナンス」概念を踏まえて、両者の関係を改めて考えてみます。

第5節では、すでに前章でみてきた環境問題と同様に、一国政府のみでは解決できない地球的課題には多様なアクター（行為体）間の協力、連携が求められている現実を理解します。このアクター間の集合体で直面する諸問題を解決していこうという考え方がグローバル・ガバナンスです。本節では特にグローバル・ガバナンスの一翼を担ううえで期待されている国際NGOの役割について考えてみます。最後に、「平和の定着」のための国際協力を推進するうえで、多様なアクター間の連携・協働の重要性を確認します。

2 「平和の定着」に向けた日本の政府開発援助（ODA）

本節では、日本の政府開発援助（Official Development Assistance：ODA）について理解しましょう。まず日本のODAの歩みを振り返ってみます。最初のODA供与は、1954年のコロンボ・プランへの加盟で、技術協力を始めたことでした。58年にインド向けの円借款を開始しています。日本

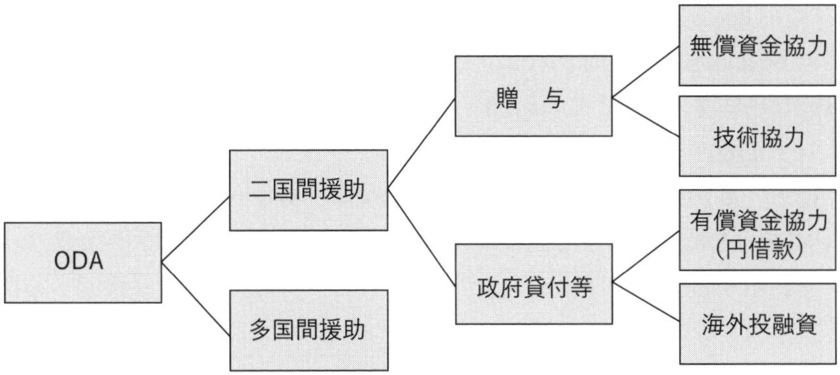

図 5-1　日本の政府開発援助（ODA）の構図
出所：外務省「日本の開発協力政策」

の経済発展とともに、ODA の拡充と多様化が進み、65 年にはすでに第 3 章で経緯を説明したように、アメリカの平和部隊をモデルに青年海外協力隊（JOCV）が創設されました。68 年より食料援助の目的で無償資金協力を行い、74 年に現在の JICA の前身である国際協力事業団が設立されました。1992 年にアメリカを抜いて世界最大の ODA 供与国となり、2001 年まで第 1 位の座にいました。

図 5-1 を説明しますと、まず ODA は開発途上国を支援する二国間援助と国際機関等に対して拠出・出資する多国間援助に分かれます。次に、二国間援助は贈与と政府貸付等に分けられます。「贈与」は開発途上国・地域に対する無償で提供される協力です。さらに贈与には実施している計画に返済義務を課さず、開発途上国・地域の社会・経済開発のために必要な資金を供与する「無償資金協力」と、日本の知識・技術・経験を活かし、開発途上国・地域の社会・経済開発の担い手となる人材育成を目的とした「技術協力」とがあります。なお、国際機関が行う具体的な事業に対する拠出も含みます。

「政府貸付等」は、低金利かつ返済期間が長く緩やかな貸付条件で実施される開発途上国・地域向けの必要な資金で「有償資金協力（円借款）」と呼ばれます。また、これら国・地域の事業を担う民間セクターの法人等に対する融資・出資は「海外投融資」になります。

他方、多国間援助ですが、国連児童基金（ユニセフ）、国連開発計画（UNDP）をはじめとする国際機関が有する専門性・機動力・ネットワークを活用するための拠出です。世界銀行などの国際開発金融機関への拠出・出資もここに含まれます。

もう少し具体的なイメージで理解しておきましょう。二国間援助の贈与における無償資金協力分野では、給水、学校、病院、消防、救急、ゴミ処理等の基礎生活関連分野を対象にしています。私が国家建設支援に関わっている東ティモールの事例では、中長期的に国家建設の中心的な人材を育成することを目的に、東ティモール国立大学の工学部新校舎建設支援を行いました。また、技術協力分野では、経済発展の担い手となる人材育成を目指し、同国立大学工学部支援を目的に日本から大学教員を専門家として派遣し、実際のカリキュラム作成や日本の知識・技術・経験を講義や実習を通じて伝授しています。このような専門家派遣のみならず、青年海外協力隊員も派遣され、様々な地域で活動を展開しています。

政府貸付としての有償資金協力（円借款）分野では、主に港湾、空港、発電所など、経済発展を促す大型のインフラ施設のプロジェクトが多いです。東ティモールではまだ1件のみで、首都と第2の都市を結ぶ国道1号線整備事業に利用されています。多国間支援では、私も参加した国民議会選挙監視における UNDP の「社会的包摂、多層的ガバナンス及び法の支配強化のための選挙支援計画」（2016年）や、「東ティモールにおける COVID-19 に強靭な選挙（CORE-TL）」（2022年）などへの草の根無償資金協力支援が行われています。興味深い多国間援助の一例として、アフガニスタンにおける日本の母子手帳推進計画がユニセフと連携して行われて

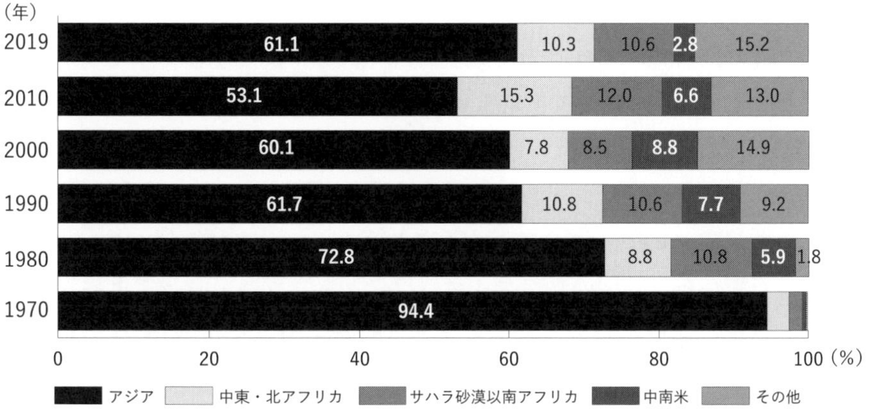

図 5-2　二国間 ODA 実績の地域別配分推移

出所：外務省国際協力局（2021 年 4 月）。

なお、1970 年の中東・北アフリカ 3.0%、サハラ以南アフリカ 1.8%、中南米 0.5%、その他 0.2%。

います。国際機関との連携で様々な多国間援助が実施されています。

【課題研究 5-1】

図 5-2 をみると、1970 年から一貫してアジア地域への ODA 供与額が大きいことがわかります。その理由を考えてみましょう。

3 「政府開発援助大綱」から「開発協力大綱」へ

本節では、「政府開発援助（ODA）大綱」の基本的な枠組み理念と原則を確認してみましょう。本章冒頭の問題意識でも触れましたが、日本の ODA は 1954 年のコロンボ・プランに加盟し、技術協力を始めたときが最初でした。しかしながら、ODA の基本的な理念や原則が閣議決定されたのは、ずっとあとの 1992 年 6 月です。その大きな契機となったのが

1990年に勃発した湾岸戦争でした。

湾岸戦争は当時のイラク大統領サダム・フセインによるクウェート侵攻に端を発しています。皆さんも知っているように日本の原油自給率は0.1%（2018年）ですから、圧倒的に輸入に頼っています。原油輸入量では中国、アメリカ、インド、韓国に次ぐ5位です。他方で、輸出量の上位国はサウジアラビア、ロシア、イラクと続き、イラクは3位です。2位がロシアですから、今回のウクライナ侵攻にともなう経済制裁で世界がエネルギー不足になったのもうなずけます（順位は2018年）。いずれにしても原油産出量と埋蔵量の多くは中東地域に偏っています。

さて、話は湾岸戦争に戻しますが、日本に限らずアメリカなど先進工業国にとって中東地域は当然ながら重要なエネルギー供給地であったわけです。ところがイラクの隣国であるイランで1979年にイスラム革命が起き、シーア派の指導者でイスラム法学者ホメイニが親米派国王を追い出し、革命政権を樹立したのです。そこで、アメリカなど欧米諸国はイスラム的価値観とは異なる世俗政党を主導するイラクのサダム・フセインを支持し、1980年から88年まで続いたイラン＝イラク戦争でもイラクを支援しました。

結果的に両国が互いの石油施設を攻撃し、ペルシャ湾のタンカーをも攻撃対象に加えたことで世界の石油事情が行き詰まり、第二次石油危機を迎えました。少し前置きが長くなりましたが、アメリカ、日本を含む欧米に支援されたサダム・フセインは軍・警察力を掌握し、反対派のシーア派や少数民族のクルド人への弾圧などを行う独裁政治を敷くことになりました。その延長線上にクウェートへの侵攻があったのです。

湾岸戦争は、結果的に日本の重要な原油輸入先である中東地域の一国であったイラクへのODA支援が背景にあったことは確かでした。湾岸戦争自体は、国連も容認したアメリカを中心とする多国籍軍の武力行使を背景にわずか2カ月間でイラクのクウェートからの撤退を可能にしました。湾岸戦争は日本の国際協力の基本となるODA供与の明確な指針策定と、PKO協力法（国際連合平和維持活動等に対する協力に関する法律）の制定を促す契機となりました。

それでは1992年6月に閣議決定された最初の政府開発援助（ODA）大綱はどのような基本理念と原則を定めたのかを確認してみます。大綱は「援助を一層効果的・効率的に実施するため」に策定されたと述べています。日本は第二次世界大戦での近隣諸国への侵略の反省をもとに平和主義を憲法で掲げていることから、軍事力ではなくODAが重要な外交戦略の手段になりました。世界の平和と繁栄には、自由、人権、民主主義などが重要であり、そのためには日本の国力にふさわしい役割として、まず開発途上国の飢餓や貧困の除去への貢献が不可欠であると大綱に記載されています。

そこで、開発途上国の健全な経済発展の実現に向けて、自身の自助努力を促すことを前提に人づくり、経済社会基盤（インフラストラクチャー）の整備を含む「良い統治（グッド・ガバナンス）」の支援を掲げています。同時に、環境保全の達成や地球規模での持続可能な開発の重要性も確認しています。なお、原則として主権、平等、内政不干渉原則など国連憲章の諸原則を踏まえ、まずは相手国からの要請、経済社会状況、二国間関係等に鑑みて、以下の4項目の原則に基づき実施すると定められています。

①環境と開発を両立させる。
②軍事的用途及び国際紛争助長への使用を回避する。
③国際平和と安定を維持・強化するとともに、開発途上国はその国内資源を自国の経済社会開発のために適正かつ優先的に配分すべきであるとの観点から、開発途上国の軍事支出、大量破壊兵器・ミサイルの開発・製造、武器の輸出入等の動向に十分注意を払う。
④開発途上国における民主化の促進、市場指向型経済導入の努力並びに

基本的人権及び自由の保障状況に十分に注意を払う。

その後、ODA大綱はほぼ10年ごとに改定されていきます。まず2003年8月に改定され、さらに2015年にはODA大綱が「開発協力大綱」に名称を変えて改定され、2023年にはさらなる改定がなされました。中国やロシアの動向を踏まえた国際政治の中での日本のODA戦略が核になっています。まずは、上述の4原則を前提にした2003年の改定ODA大綱の要点を紹介しておきます。1990年代の日本は世界最大のODA拠出国でしたが、その後「失われた10年」といわれる経済的停滞期を迎えます。その結果、ODA実施に対してもより戦略的、効率的な供与が求められ、あわせて援助の重点化を進めることになりました。

極度の貧困、飢餓、難民、災害などの人道的問題、環境や水などの地球的規模の問題はいっそう大きな問題として国際社会のみならず、日本も直面することになります。改定ODA大綱は、多発する紛争やテロリズムをいかに予防するのか、さらには平和をどのように構築していくのかに強い危機感を持って書かれており、「人間の安全保障」を促すことが日本の役割と考えています。

なお、重点課題としての「平和の構築」には、具体的な事例を挙げています。例えば、和平プロセスの促進支援、難民支援、紛争後の人道・復旧支援、元兵士の武装解除・動員解除・社会復帰（DDR）支援、地雷の回収や除去などを通じた基礎生活基盤の復旧・復興支援と経済社会開発に加えて、政府の行政能力向上（ガバナンス）支援などです。これらの多くの取り組みはすでに第2章から第3章で学習してきた内容です。

最後に、ODA60周年を契機に2015年12月の閣議決定で改定されたのが新たな呼称を付せられた開発協力大綱です。1992年のODA大綱における4原則の内容を堅持しつつ、さらに格差是正や社会的弱者への配慮と公正性の確保、開発の担い手として女性の参画の促進、被援助国のガバナンスの強化を背景にした不正腐敗の防止、政情・治安不安地域での平和構築活動などに対する開発協力者の安全配慮の考え方が加わっています。

また、開発協力のアクターが多様化している点を指摘しています。政府や政府関係機関のODA資金のみならず、開発協力を目的としたPKO、あるいは地方自治体、民間企業、NGOなどの多様なアクターが連携する必要性を訴えています。例えば、官民連携や自治体連携として日本の中小企業が有する技術力の移転などを通じた開発途上国の産業や人材の育成です。また、地方自治体・大学・研究機関との連携を通じたガバナンスや法整備支援を実施したり、事業の策定計画から実施まで広く様々なアクターが連携・関与することで効率的・効果的な支援を可能にすると述べています。

開発協力大綱における開発途上国支援の基本方針には大きく3項目があります。第1に、戦後一貫して平和国家を歩んできた日本にふさわしい国

際貢献を行うことです。すでに述べた1992年ODA大綱原則を踏まえた非軍事的協力に基づく国際社会の平和と安定および繁栄に積極的貢献を可能にする援助です。第2に、日本外交の柱にもなっている「人間の安全保障」の推進です。国連憲章や世界人権宣言でも触れられている「恐怖と欠乏からの自由」を被援助国の人びと、特に脆弱な人びとに保障することです。まさに基本的人権の促進を意味しています。

最後の第3に、自助努力支援です。世界銀行などの支援を受けながらも自助努力で日本自身が経済復興、その後の成長を可能にしたという経験を持っています。開発協力においても日本の経験と知見を踏まえた支援のあり方を重視しています。もちろん被援助国のオーナーシップ、つまり相手国の意思、自主性を尊重する対話と協働が前提とされています。

以上が、日本のODA政策であり、日本のODAに基づく国際貢献のあり方です。なお、2023年6月に8年ぶりに新たな開発協力大綱が閣議決定されました。今回の見直しの重点政策は大きく2点になります。第1に、途上国の喫緊の課題となっている気候変動、保健、人道危機に加え、デジタルや食料・エネルギー等の新しい時代に即応した経済の強靭化を推進する「質の高い成長」に貢献することです。第2に途上国社会の平和や安全を支援するうえで「自由で開かれたインド太平洋（FOIP）」構想を推進することです。つまり、法の支配に基づく自由で開かれた国際秩序の維持と強化をうたっています。今回も基本的な考え方は2015年の開発協力大綱を引き継いでいますが、日本の安全保障政策の基本であるFOIPが意識されたものといえましょう。

さて、**表5-1**は経済協力開発機構（OECD）の下部組織で、開発途上国の援助を調整・促進する開発援助委員会（DAC）によるODA総額上位10カ国です。外務省のウェブサイトでも公開していますので確認してみてください。

表5-1からODA総額と国民1人当たりの負担額はかなり順位が異なっ

表 5-1　2021 年の ODA 総額上位 10 カ国および 2020 年の国民 1 人当たりの負担額

順位	国名	ODA 総額（億ドル）	国名	1 人当たりの負担額（ドル）
1	アメリカ合衆国	478.0	ノルウェー	778.4
2	ドイツ	332.7	ルクセンブルク	718.0
3	日本	176.3	スウェーデン	611.6
4	イギリス	157.1	デンマーク	453.3
5	フランス	155.1	スイス	411.4
6	カナダ	63.0	ドイツ	344.9
7	イタリア	60.9	オランダ	306.8
8	スウェーデン	59.3	イギリス	276.8
9	オランダ	52.9	フィランド	231.1
10	ノルウェー	46.7	フランス	209.5

ていることに気づくはずです。ちなみに、アメリカの国民 1 人当たりの負担額は 108.0 ドル、日本は 129.3 ドルです。中国は「一帯一路」構想で積極的に開発途上国支援を行っていますが、OECD-DAC の加盟国ではありません。ロシアも同様の理由で掲載されていません。

【課題研究 5-2】

アメリカ合衆国は、2001 年の同時多発テロ後に ODA 総額を増やし、当時第 1 位であった日本を翌年には追い抜きます。理由としては、テロの温床が貧困であると認識したからです。ただ、表 5-1 をみてわかるように、ODA 総額と 1 人当たりの負担額の順位が異なります。アメリカは個人負担額では上位 10 位に入っていません。この順位の違いの背景について考えてみましょう。

4 多様な国際社会における「グッド・ガバナンス」の役割とは何か

本章でもたびたび「ガバナンス」という言葉を使ってきました。日本語では「統治」と訳しますので、「グッド・ガバナンス」とは「良い統治」という意味になりますが、あまり日本語訳では使われていない表現ですので、カタカナ表記をそのままここでは利用します。ガバナンスとは、様々な組織やレベルで利用されます。例えば、「コーポレート（企業）・ガバナンス」は企業経営における透明性、説明責任、法の支配などを指す場合が多いです。つまり、企業は投資家や融資会社などに透明性を持って業績の報告を行う説明責任があります。もし虚偽等の申告をした場合は当然ながら法律によって罰せられます（商法などの法律で罰せられます。「法の支配」）。

それでは「グッド・ガバナンス」とはどのような意味を持つのかです。それは開発途上国の政府管理や運営能力の改善を意図した意味で、国際機関などからの融資の条件で使われることが多いです。国際機関で最初に「グッド・ガバナンス」という考え方を導入したのは世界銀行で、1992 年にこの言葉を使っています。世界銀行は上述のコーポレート・ガバナンスの要件に加え、公共部門の効率性も含めました。この考え方は様々な国際機関などに現在採用されています。

例えば、前節で扱ったOECD-DACの場合では、世界銀行よりさらに広い範囲の内容が含まれます。市民社会の政策決定への関与、人権擁護、汚職・腐敗の防止、民主的な諸制度、法の支配、過度な軍事支出の削減などを含めて、当該国のガバナンスが評価されます。その後世界銀行も新たな指標を導入し、説明責任、政治的安定と暴力の不在、政府の効率、規制の内容、法の支配、腐敗の防止の 6 類型のガバナンス指標が作成されました。

要するに、「グッド・ガバナンス」とは西欧型の民主主義国家の建設に向けた国際機関の支援条件になったのです。前節で扱った改定ODA大綱の基本方針の中にも「良い統治（グッド・ガバナンス）に基づく開発途上国の自助努力を支援する」とあり、開発協力大綱でも普遍的価値の共有や平和で安全な社会の実現にとって「グッド・ガバナンス」の重要性を指摘しています。ただその一方で、政治体制の異なるような国家からは内政干渉であるとの理由で反発もあります。

具体的には、西欧主導の国際開発金融機関のガバナンス指標が欧米的価値観の画一的な押し付けであり、多様な歴史・社会・文化で構成されている現実の国際社会を無視しているという批判です。また、国連憲章第1章第2条にある国際規範としての内政不干渉原則に抵触するという批判もあります。国際開発金融機関がアメリカ主導であり、結局アメリカの利害・国益が背景にあるという批判もあります。すでに触れた「ワシントン・コンセンサス」に基づくアメリカの世界戦略としての「民主主義の輸出」であるという批判もあります。

これらの批判には一定の根拠はあるかもしれません。国際社会は確かに多様な価値観を有する人びとで構成されているからです。例えば宗教人口の比率をみてみると、キリスト教31.1%、イスラム教24.9%、ヒンズー教15.2%、仏教6.6%、民間信仰5.6%、無所属15.6%と実に多様な宗教を信じていることがわかります（『世界国勢図会2022/23』)。宗教的な背景に基づく日常生活の慣習の違いもあるかもしれません。しかしながら他方で、私たちには普遍的価値としての基本的人権の存在を無視することはできません。私たちは自由権を有し、国の責任としての社会権や生存権を求めることができるからです。すでに日本国憲法で学習した「国民の権利及び義務」の内容です。

表5-2は、東アジア、東南アジア、南アジアの国々の自由度の評価です。アメリカ合衆国に本部を置く国際NGO団体が、「自由で公正な普通選挙

表 5-2　東アジア・東南アジア・南アジアの自由度（2022 年評価）

自由度	国名（　）内は PR と CL に基づく自由度評価指数
Free （政治的に自由）	日本（96）、モンゴル（84）、韓国（83）、東ティモール（72）
Partly Free （部分的自由）	インド（66）、ブータン（61）、インドネシア（59）、ネパール（57）、スリランカ（55）、フィリピン（55）、マレーシア（50）、シンガポール（47）、モルディブ（40）、バングラデシュ（39）、パキスタン（37）
Not Free （自由がない政治体制）	タイ（29）、ブルネイ・ダルサラム（28）、カンボジア（24）、ベトナム（19）、ラオス（13）、中国（9）、ミャンマー（9）、北朝鮮（3）

出所：Freedom House, *Freedom in the World 2022.*

実施」「政治過程への自由な参加」に基づく政治的自由度（Political Rights：PR）と、「表現・信仰・結社などの基本的人権」に基づく市民的自由度（Civil Liberties：CL）の 2 つの指数をもとに自由度を 3 つに分類したものです。（　）内の数値は 100 が自由度で最高、0 が最低という意味ですので、日本は 96 という高い「自由度」で評価をされています。

ちなみに、最近メディアで取り上げられるような国々の「自由度」を確認してみます。ロシアは「自由がない政治体制」で（19）、ウクライナは「部分的自由」で（61）です。「台湾有事」が東アジアで取り上げられていますが、中国は「自由がない政治体制」（9）であるのに対して、台湾は「政治的に自由」（94）と評価されています。中国が強引に台湾を併合することがあるならば、台湾の自由度は押し潰されることになります。タリバンに政権を掌握されたアフガニスタンの自由度は「自由がない政治体制」（10）として評価されています。軍事クーデターで政権を握ったミャンマーも「自由がない政治体制」（9）の評価です。

表 5-2 はあくまでアメリカの国際 NGO の評価です。もちろん、この国際 NGO の評価はすべての国家に受け入れられるものではありません。私たちにとっては、もはや PR も CL も普遍的な人権です。代表的な民主主義国家であるアメリカは「政治的に自由」（83）の評価ですが、様々な人

権に関わる問題を抱えているのも、もう一方の現実です。

例えば、BLM（Black Lives Matter）運動を知っていますか。黒人に対する人種差別抗議運動です。あるいは銃による無差別殺人も頻繁に起きています。確かにPRやCLの指標とは直接関わりはないかもしれませんが、異なる政治体制の国からアメリカが批判される要因になっています。

【課題研究 5-3】

表 5-2 の Freedom House の「自由度」によって分けられた国々をみて、率直な感想はどうでしょうか。例えば、2020 年のシンガポール（「部分的自由」）の 1 人当たりの GNI は 5 万 1011 ドル、それに対して「自由度」の高い日本は 4 万 770 ドルです。世界第 2 位の経済大国は中国ですが、「自由がない政治体制」に分類されています。「豊かさ」と「自由度」の関係を議論してみてください。

5 グローバル・ガバナンスの一翼を担う国際 NGO の役割

世界が直面する様々な危機や脅威の解決に向けて、いまや多様なガバナンスの役割と協働が求められています。すなわち、従来の主権国家を中心とする国際システムでの国際協力に加え、NGOや企業など多様なアクター（行為体）がグローバルな（地球規模の）問題解決に参画するネットワークを形成するようになったのです。本節ではグローバル・ガバナンスの一翼を担っている国際NGOの役割を中心に考えてみます。

NGO（非政府組織）の活動分野は**図 5-3** に示しているように多岐にわたります。しかしながら、欧米のような大規模NGOが存在しない日本では活動資金の問題を抱えています。それを解決する日本型のシステムがジャ

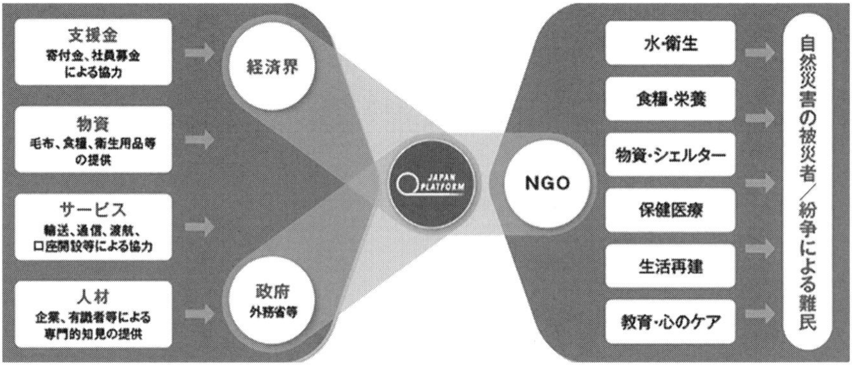

図 5-3　ジャパン・プラットフォームの仕組み
出所：桑名恵「NGO・市民社会」山田満・堀江正伸編著『新しい国際協力論（第 3 版）』177 ページ

パン・プラットフォーム（JPF）です。NGO が培ってきた緊急人道支援の技術や専門性を、経済界や政府との三者で協働して取り組む考え方です。具体的には、災害発生や紛争による難民発生時には早急な支援活動が求められます。そこで、NGO の迅速な初動活動を支える資金や物資援助を政府や企業・個人からの寄付で対応することができるようになったわけです。

もちろん、NGO は「非政府組織」である以上、政府からの支援を受けると NGO の独立性を失うことになるという理由で、参加しない NGO もあります。この辺は個々の NGO 自身の判断になります。

JPF は緊急人道支援の取り組みですが、NGO には実働型 NGO、アドボカシー（政策提言）型 NGO が存在します。私は日本の ODA が海外でどのような役割を果たしているのかを調査したことがあります。例えば、すでに第 2 章で地雷除去が紛争後の国家における復興・開発に重要であることを学習しました。カンボジアやアフガニスタンに膨大な数の対人地雷や不発弾が埋設されたままの状態です。カンボジアでは、これら武器に精通している自衛隊出身者が設立した NGO が中心になって、地雷除去作業を行っています。このプロジェクトは「日本 NGO 連携無償資金協力」を利用して実施しています。

同じく無償資金協力として「草の根・人間の安全保障無償」で、日本の実働型 NGO が ODA 資金を利用して学校建設、教育支援、保健・衛生支援などの活動を展開しています。外務省の「日本 NGO 連携無償資金協力」のほか、JICA における草の根協力支援型や同パートナー型の資金を利用して、NGO などの支援団体がその実績に応じて、3 年以内の提案事業を行います。実施金額は後者の上限が 1 億円である点で異なりますが、NGO は積極的に企画を立てて ODA 資金をもとに開発途上国が抱える諸問題解決に向けて活動を行っています。また、大学などの教育機関が主体になったり、地方公共団体向けの地域活性型のプロジェクトなどの支援もあります。

最後に、私も関わっているような選挙監視 NGO も紹介しておきます。選挙監視活動の役割は、特に脆弱国家や紛争後国家における民主化支援の一環です。もちろん、すでに触れたように国際規範としての内政不干渉原則がありますので、対象国政府の受け入れ要請がなければ参加できません。

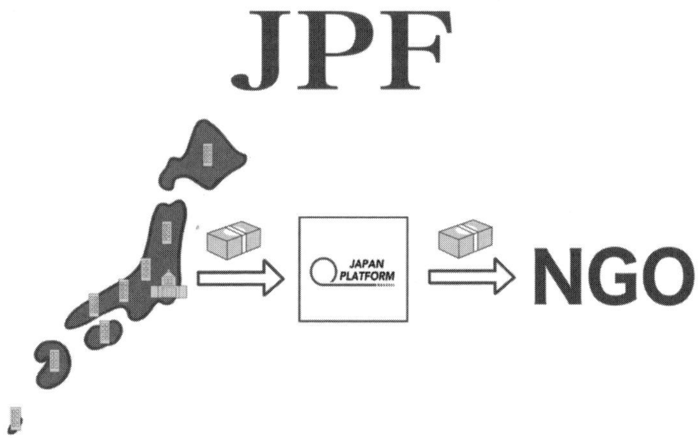

選挙監視活動では、選挙日当日における各投票所での「自由で公正な選挙」の実施に関する監視を行います。それ以外に、有権者自身に選挙の意義や規則を理解してもらう有権者教育も含まれます。

選挙監視団の派遣には、政府の二国間支援での派遣もありますし、すでに確認しましたが多国間支援で国連開発計画（UNDP）との連携を通じた支援もあります。国連からはボランティア（UNボランティア）が選挙実務を支援する場合もあります。国際NGOも現地NGOとの連携をもとに、有権者教育から当日の選挙監視活動、さらには候補者、地域住民、治安担当機関への聞き取り調査を行い、適正な選挙実施を迎えているのかを確認します。また、選挙監視実施後には、世界のメディアを前に、プレスリリースを行い、当該選挙の評価を発表します。

このように、NGOは国際社会が直面する様々な問題の解決に向けたグローバル・ガバナンスの一翼を担っています。

【課題研究 5-4】

図5-3のジャパン・プラットフォーム（JPF）の仕組みを踏まえて、JPF加盟NGOがどのような緊急人道支援を展開しているのかを調べてみましょう。具体的に、1つのNGOの支援活動を取り上げ、経済界からは資金援助のほかにどのような活動支援があるのか、また政府の支援とはどのようなものかを調べてみましょう。

第５章のまとめ

「平和の定着」に向けたアクター間の連携をグローバル・ガバナンスの観点から整理・分析してみましょう！

平和とは何かについては、例えば第３章でガルトゥングの積極的平和の考え方を紹介しました。また、インドの平和研究者のスガタ・ダスグプタは「平和」の反対は「平和ならざる状態（peacelessness）」であると述べています。この考え方は戦争不在の反対は平和というような捉え方でなく、開発途上国の現状をみたときに、貧困、飢餓、差別、弾圧などの状態が蔓延している現実を指摘したのです。

本章では日本外交戦略の１つの柱である「平和の定着」を日本のODAとの関わりから説明しました。主に、2015年改定の開発協力大綱では重点課題として平和構築を掲げています。第２章で学んだように、世界の紛争は直接的間接的に日本の平和を脅かすことになるという前提で、平和と安定、安全の確保が必要になると訴えています。そのために日本のODAを積極的に活用しようと宣言したのです。

例えば、１つの事例を紹介します。東南アジア地域に属するフィリピン南部のミンダナオ島では長らく紛争が続いていました。歴史的にミンダナオ島南部はイスラム教徒（ムスリム）が多いのですが、同国人口の約95%がキリスト教徒（クリスチャン）であることからムスリムの約5%は少数派に追いやられています。少数派のムスリムは、スペインとの植民地獲得戦争で勝利したアメリカの植民地化で多くのクリスチャンがプランテーション労働者としてミンダナオ島へ移住してきたことで、祖先代々の居場所を奪われていきました。

このような歴史経緯で1970年代にミンダナオ紛争が活発化していき、分離・独立を唱えてモロ民族解放戦線（MNLF)、さらにはモロ・イスラム解放戦線（MILF）へと武装闘争の主体が変化し、紛争は激しさを増していきました。2014年にフィリピン政府との間に包括的和平合意が締結され、2018年にバンサモロ（モロ民族）基本法が成立し、翌年の19年には住民投票を経て暫定自治政府が発足しました。少し前置きが長くなったのですが、日本は和平プロセスの進展および復興・開発を包括的に支援し、同地域の持続可能な安定と発展を前提に、生計向上支援や地域産業振興、インフラ整備の支援を積極的に展開しました。

ミンダナオ紛争における和平支援、その後の復興・開発支援はまさに日本の平和構築支援であり、「平和の定着」に向けた取り組みの一例です。特に、日本は平和主義を外交の柱に据えてきたことから、「平和の定着」に貢献する最大の方法はODAなどを利用した援助であることはいうまでもありません。ODAを介した政府、NGO、企業などとの協働、連携は重要な手段です。もちろん、「国際貢献」全体を考えたときには、これらの援助を通じた支援のみならず、開発協力大綱で述べられている非ODAによる連携・協力も重要になります。例えば、自衛隊などによる国連PKOへの参加も含まれることになります。とはいえ、開発援助の基本は被援助者のオーナーシップ（主体性重視）が基本であり、日本の援助はそれに対するパートナーシップ（支援者）でなくてはなりません。

【新しい研究課題の設定に向けて 5】

本章では国際貢献のあり方について考えてきました。もちろん「国際貢献」に含まれる活動は広範囲になることが理解できたと思います。また、「国際貢献」を展開するアクター間の協働・連携の重要性も「グローバル・ガバナンス」という考え方を理解することで納得できたかもしれません。ただその一方で、国際社会のもう１つの現実は、「自国第一主義」的な自国の国益重視の考え方です。次章では「人間の安全保障」を取り上げますが、この両者の考え方の決定的な違いは何かを考えてみましょう！

第6章

なぜ「人間の安全保障」の考え方が必要になったのか

1 「人間の安全保障」が登場する背景についての問題意識を高めましょう！

本書ではすでに「人間の安全保障」という考え方が繰り返し出ています。皆さんはきっとこの考え方のイメージを持つことができていることでしょう。例えば、第5章では日本の政府開発援助（ODA）に基づく外交政策の柱に「人間の安全保障」が据えられていることを学びました。具体例として、1993年からアフリカ開発会議（TICAD）を開催していますが、この会議の指針は「アフリカの一人ひとりの能力強化」を支援することを目的にしています。2022年8月27～28日にアフリカのチュニジアでTICAD8が開催されました。アフリカの安定的な開発に寄与するために、地域が抱える社会課題解決型のビジネスに対する投資促進、保健・医療や農業などで活躍できる様々な分野の人材育成が打ち出されています。

さて、英語の「Security」ですが、第1の意味は「安全」です。したがって、本来「人間の安全保障（Human Security）」とは「人間の安全」という意味になります。私たち個々の安全であり、私たちが日常生活を送る地域の安全を指しています。それに対して、国家の安全は「国家安全保障」と呼ばれ、軍事的な手段に依拠して主権国家を守り、主権国家に属する国民を守ることを意味します。冷戦時代には主権国家の壁が高く、国家安全保障が「安全保障」を代表する考え方でした。しかし、冷戦終結を受けて、第2章で学習したように米ソ主導の国際秩序の崩壊で国内紛争や地域紛争が激化し、国民を守れないガバナンス（政府機能）が脆弱な国家や政府そのものが機能しない破綻国家が増大することになりました。

その結果、安全を確保できない人びとを誰が救うのか、国家に守られない人びとのための安全保障の考え方が求められたわけです。第2章でブトロス・ガーリの『平和への課題』を学習しましたが、国連が平和活動を主導し、日本も1992年のODA大綱で確認したように、「人間の安全保障」を援助政策の柱として位置づけることになったのです。日本における「人間の安全保障」の考え方は、当時の国連事務総長コフィ・アナンが2000年に行った要請に基づき設立された「人間の安全保障委員会」報告が影響を及ぼしています。

日本政府の資金提供で、翌年から緒方貞子元国連難民高等弁務官とノーベル経済学賞受賞者のアマルティア・センが共同議長として委員会を運営し、2003年5月に国連事務総長に報告書（日本語訳『安全保障の今日的課題』）を提出しています。序文で、「人々の生にとってかけがえのない自由を守り、それを広げる」ことが重要であり、「必要なのは、危機にあっても繁栄を享受しても、人々の生存・生活・尊厳に重点をおいた、統合された政策」が必要であると訴えています。

国際社会における「人間の安全保障」の考え方がより深まることになったのは、国連開発計画（UNDP）が1994年に発行した『人間開発報告書』でした。同報告書の意義に関しては第3章で人間開発指数の説明で触れました。1994年版では「人間開発」と「人間の安全保障」の関係を説明し、経済、食糧、健康、環境、個人、地域社会、政治の7種類に安全保障を分類しています。特に、「恐怖からの自由」と「欠乏からの自由」を「人間の安全保障」の主要な柱に据え、飢餓、病気、汚染、麻薬取引、テロ、民族紛争、社会の崩壊などの世界共通の国境を超えた脅威への対応を呼びかけています。

本章では、「人間の安全保障」が脅かされている現実的課題として、第2節でテロリズムの問題を取り上げます。実はテロのイメージはかなり広く、事件の起きる背景も多様です。テロによって私たちの生活様式は変化し、前節で扱ったような援助のあり方にも大きな影響を与えています。第3節では、社会問題化している人身取引を扱います。紛争や何よりも生活が苦しいゆえに子どもなどの人身取引が横行しています。特にアフガニスタンなど脆弱国家が直面している問題です。実は、子どもの人身取引は大規模な自然災害後にも起きています。

第4節では、児童労働の問題を扱います。第1章で「子ども兵士」について学びましたが、子どもの権利条約は「子ども兵士」の側面だけではなく「児童労働」の視点からも重視されています。国際社会ではいまだ多くの子どもの人権侵害が存在しています。最後の第5節ではジェンダー視点からみた国際社会のあり方を検討してみます。前章で扱った開発協力大綱にも「女性の参画の促進」が位置づけられています。開発のみならず、様々な分野での女性の活躍が「人間の安全保障」の中でうたわれていますが、世界経済フォーラムの報告書を利用してジェンダー・ギャップの問題を考えてみます。

2 テロリストは何を求めているのか

「テロリズム」は、通常「テロ」と省略して呼ばれています。テロ問題を引き起こす人たちがテロリストです。さて、「テロ」とは何か、「テロリスト」とは誰か、イメージは持てるのですが、一般的な定義や具体的な事例を正確にいえる人は少ないのではないでしょうか。

テロの起源は、18世紀のフランス革命時代にさかのぼります。革命を主導したマクシミリアン・ロベスピエールらジャコバン派は恐怖政治（ラ・テルール）を敷き、革命が目指す人間性の進歩や目的の純粋さを理由にして、政治的絶対制を実現し、それを維持するために人殺しの権利を正当化させたのです。法律、裁判所、国民公会の指導権を巻き込んでの恐怖政治を断行したわけです。したがって、皆さんが覚える英語のテロリズムやテロリストは、実はフランス語のテロリスム、テロリストからの借用語なのです。

このように、もともとテロリズム（テロ）は政治の正当性を主張するための反対派に対する政治的弾圧を意味します。また、国家の正当性に抵抗する集団をテロリストとして位置づけ、弾圧する場合も多く存在しています。第5章第4節の表5-2で確認した「政治的に自由」な国々は、表現の自由などの自由権を行使し、何よりも選挙を通じて自らの考え方に近い政党に投票を行います。しかし、「自由がない政治体制」に生活する人びとは自ら、あるいは自らのアイデンティティ（同一的な主体性や帰属意識）を共有する集団を「テロリスト」として認定され弾圧の対象となり、同化政策を強いられることも起こりえます。その結果、抵抗集団として当該国家政府への闘争を展開する道を選択することもあります。

例えば、いまだ解決をみていないパレスチ紛争では、1964年設立のパレスチナ解放機構（PLO）がテロリスト集団とされています。パレスチナ紛争は、ヨーロッパから入植したユダヤ人が1948年にイスラエルを建国したことで、多くの土地を奪われたパレスチナ人難民が発生したことに由来します。PLO議長であったヤーセル・アラファトはイスラエルとの暫定自治交渉を行ったことで、1994年にノーベル平和賞を受賞しています。また、キューバ革命で活躍したチェ・ゲバラは「自由の闘士」として依然として英雄扱いされています。しかしながらその一方で、世界には多数派民族からの弾圧に抵抗して、自由を勝ち取った、あるいは自由を勝ち取ることを目指している集団を「テロリスト」として扱うこともあるのです。

国家の正当性を主張する多数派民族が少数派を弾圧する事例は、残念ながら多く存在しています。アジアでは、ミャンマーにおける少数派民族ロヒンギャへの弾圧や一部国軍による殺害が指摘されています。約100万人近い難民がバングラデシュの難民キャンプで劣悪な生活を強いられています。また、中国政府は否定していますが、元チリ大統領で国連人権高等弁務官ミシェル・バチェレは退任直前の報告書で、中国政府が新疆ウイグル自治区でテロや過激派対策の名目のもと、ウイグル人への深刻な人権侵害を続けていると指摘しています。

政治的背景に基づく国家アクターによる特定集団への弾圧では、第二次世界大戦時におけるナチス・ドイツのユダヤ人大量虐殺（ホロコースト）をはじめ、ジェノサイドが繰り返し起きています。ジェノサイドは、第1章第3節で学習した戦争犯罪にあたります。ハワイ大学のR. J. ランメル教授は、政府が意図的に人民を死に至らしめる殺害行為（Death by Government）が繰り返し行われてきたことを調査しています。例えば、1975年にカンボジアで政権を握ったポル・ポト政権では約170万人の国民が犠牲になったことは知られています。

さて、上述してきたようなテロリズムの語源とは別に現代的な意味での「テロ」はより広い範囲で使われています。例えば、世界のテロリズムを調査している欧米を拠点とする経済平和研究所の年次報告書（グローバル・テロリズム指数：GTI）ではテロを「恐怖、強制や脅しを通じて政治的、経済的、宗教的、あるいは社会的目的を達成する非国家アクターによる不法な武力や暴力を実際に使用した脅威」として定義しています。要するに、上述してきた国家（政府）が主体となったテロ行為とは異なる非国家アクターの不法な武力や暴力に基づく脅威を前提にしています。

特に、現代的テロリズムの傾向は、宗教的過激主義集団アルカイダによる2001年のアメリカ同時多発テロ事件（9・11事件）に代表されるテロ事件が典型的です。1980年以降は、宗教国家を目指し、信仰が異なる人びとを異教徒や背教徒として攻撃するテロ事件が多発しています。アルカイダやイスラム国（ISIS/ISIL）が掲げるジハード主義の主張です。もちろん、イスラム教のみならず、キリスト教、ユダヤ教を掲げる宗教的過激集団も存在します。また、「自爆テロ」行為が横行する背景には、インターネットやSNSなどのオンラインネットワークの利用があり、現代的テロの特徴です。

表6-1から読み取れることは、テロ発生上位国が中東・北アフリカ地域

表 6-1　世界におけるテロリズム多発上位国（2022 年）

順位	国名	スコア *	2007 ～ 21 年 テロ関連死者数	主要なテロ組織、「等」は不明集団
1	アフガニスタン	9.109	17,461	イスラム国ホラサン州、IS、タリバン等
2	イラク	8.511	34,043	IS、クルディスタン労働者党（PKK）等
3	ソマリア	8.398	6,166	アル・シャハーブ、IS 等
4	ブルキナファソ	8.270	947	イスラムとムスリム支援団(JNIM)、大サハラのイスラム国（ISGS）等
5	シリア	8.250	4,232	IS、PKK 等
6	ナイジェリア	8.233	8,915	西アフリカ IS（ISWA）、ボコ・ハラム、ビアフラ独立を主張するイボ族による政治団体（IPOB）等
7	マリ	8.152	1,478	JNIM、ISWA 等
8	ニジェール	7.856	781	ISWA、ボコ・ハラム等
9	パキスタン	7.825	13,432	パキスタン・タリバン運動（TTP)、バルーチスターン解放軍（BLA)、イスラム国ホラサン州、IS

* スコア：10.00 が最悪、8.00 以上が極めて高い水準、6.00 ～ 8.00 が高い水準。
出所：GTI2022 年次報告書

に多く、その主体はイスラム過激主義組織であること、次に分離独立を掲げる少数民族による抵抗組織の存在を挙げることができます。アフガニスタンのテロ発生数は群を抜いて高いことが近年の特徴です。ただし、当然ながらタリバンの復活で今後どのような変化があるのか、注視する必要があります。なお、アメリカを含む西欧社会における 2007 年以来のテロ関連死亡者数の 61%はイスラム過激集団によるものです。主だった事件は、2015 年 11 月のパリ襲撃と 2016 年のフランス革命記念日にニースで起きた襲撃事件で 87 名の犠牲者が出ました。いずれもイスラム国の犯行でした。次に 30%が極端な右翼思想者（極右）による攻撃です。2011 年 7 月にノルウェーで極右の男による連続殺人で 77 名が犠牲になり、ニュー

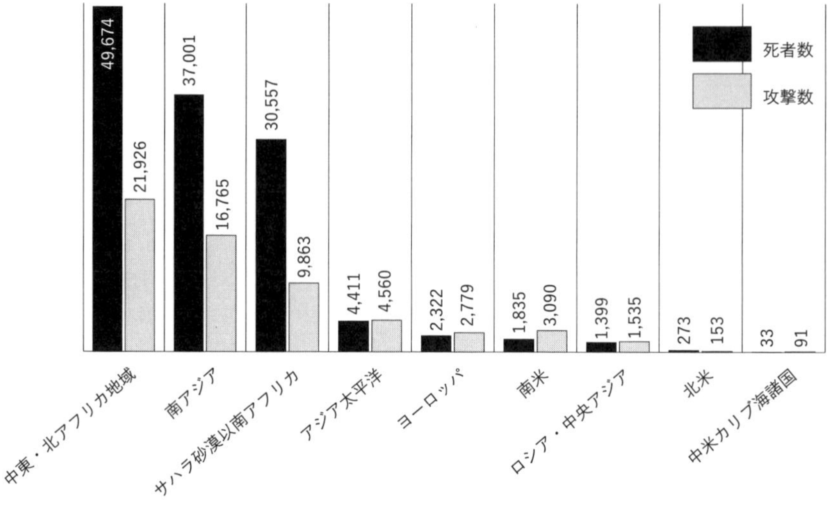

図 6-1　地域別テロ犠牲者数と攻撃数（2007 ～ 21 年）

ジーランドでは 2019 年 3 月にモスクで銃乱射事件が起き、51 名が殺害されています。

【課題研究 6-1】

図 6-1 も GTI2022 年の年次報告書から引用したものですが、表 6-1 も参考にして、なぜ中東・北アフリカ、南アジア、サハラ以南アフリカのテロ死者数や攻撃数が極端に多いのか、その背景を考えてみましょう。

3 「人身売買」から「人身取引」へ

「人身売買」という言葉は聞いたことがあるはずです。しかし、物の売買と違い「人」が売買されるとはどういうことか、本節で理解を深めましょう。2000年11月に採択され、03年12月に発効したいわゆる「国際組織犯罪防止条約人身取引議定書」の第3条の「人身取引」の定義を確認してみます（『ベーシック条約集』を参照）。

> 搾取の目的で、暴力もしくはその他の形態の強制力による脅迫もしくはこれらの行使、誘拐、詐欺、欺もう（人を欺くこと）、権力の濫用もしくは弱い立場の悪用または他人を支配下に置く者の同意を得る目的で行う金銭もしくは利益の授受の手段を用いて、人を徴募（募り集めること）し、運搬し、移送し、蔵匿（人に見つからないように隠すこと）し、または収受（不正に金品などを受け取ること）することをいう。

なお、定義最初の「搾取の目的」が重要です。ここでいう「搾取」の範囲も書かれています。「搾取」は「他人を使役して不当な利益を得る行為」を指します。議定書では具体的に、他人を売春させるなどの性的搾取、強制的な労働や役務の提供、奴隷やこれに類する行為、隷属（従属）や臓器摘出を含めると規定しています。この定義から性的搾取に限らず、広い範囲の「人を売り買いする」犯罪行為が「人身取引」に入ることがわかるはずです。最近の英語ではHuman TraffickingからTrafficking in Persons（TIP）へとより広い意味での搾取を含む言い方に変わってきています。

ところで、アメリカ合衆国国務省では毎年『人身取引報告書（*TIP Report*）』を発表しています。報告書では、人身取引に関する国別の評価を行っています。評価が高い順に「Tier1（第1階層）」、「Tier2（第2階層）」、

表 6-2　アメリカ合衆国国務省『人身取引報告書』（2022 年）主要国ランキング

ランキング	G7 先進国首脳会議	主要アジア諸国・地域
Tier1（第 1 階層）	カナダ、フランス、ドイツ、イギリス、アメリカ合衆国	フィリピン、シンガポール、台湾
Tier2（第 2 階層）	日本、イタリア	ラオス、タイ、東ティモール、インド、韓国
Tier2 Watchlist（第 2 階層監視リスト）		インドネシア
Tier3（第 3 階層）		ミャンマー、カンボジア、中国、マレーシア、ベトナム、ロシア

「Tier2 Watchlist（第 2 階層監視リスト）」、「Tier3（第 3 階層）」の 4 段階に分かれています。この調査は国務省の人身取引監視対策部と各国アメリカ大使館の協力を基本に、各国官庁、国内外の NGO 代表、ジャーナリスト、専門家、国際機関職員など幅広い分野で活動する人びとからの情報収集に基づき作成されています（**表 6-2**）。

さて、日本の評価はどうでしょうか。2001 年の報告書発行以来、日本は第 2 階層以上の評価をされていませんでしたが、2018 年と 2019 年に第 1 階層にランクを上げました。しかしながら、2020 年以降はまた第 2 階層に戻っています。ランクの基準はアメリカで 2000 年に制定された「人身取引被害者保護法（TVPA）」に基づき、最低基準を満たすために政府がどのような努力を行っているのかで評価されていると述べています。したがって、最高の第 1 階層にランクされていても、当該国にまったく人身取引がない、あるいは犯罪への対処が十分であるという評価にはならないとも断っています。

TVPA が対象にする人身取引は上述した内容ですが、特に当該国政府の対応を重視しています。これら人身取引を抑止するうえでの「重大な犯罪に見合った罰の規定」や「真剣で持続的な努力」が評価の中に求められています。これらに責任を持ち、維持している国、つまり政府が TVPA の最低基準を完全に満たしていれば第1階層にランクづけられます。第2階層は、TVPAの最低基準を完全には満たしていないが、その基準を順守する重要な努力をしている国、第2階層監視リスト国は、TVPAの最低基準を満たしていないが、その基準を順守させるための多大な努力を行っている国、しかしその具体的な行動や努力の証拠が提示できない国です。最後の第3階層は、TVPAの最低基準を完全に満たしておらず、そのための重要な努力も怠っている国です。以上が4段階の評価基準になっています。

それではなぜ日本が第2階層と評価されているのかです。在日米国大使館と領事館から出されている2022年7月19日発行の日本語訳を読んでみると、「日本政府は、人身取引撲滅のための最低基準を十分には満たしていないが、満たすべく相当の取り組みを実施している」と冒頭に書かれています。最大の問題点は外国人技能実習生の一部を「人身取引」として判断されていることです。日本政府も技能実習生を人身取引被害者として一部認識はしていますが、国内にいる移住労働者の強制労働者数の報告では、日本政府が報告書対象期間に特定した数よりも実際には多かった点が指摘されています。

【課題研究 6-2】

日本の場合、特に外国人技能実習制度における日本政府と送り出し国との協力覚書があるものの、技能実習生に対する「搾取」が人身取引との関連で問題視されています。結局、同制度は廃止され、新制度への移行が決まりました。それでは技能実習生に対するどのような「搾取」が問題にされているのかを調べてみてください。

4 児童労働はなぜなくならないのか

第1章のまとめで「子ども兵士」の問題を扱いました。そこで本節では「人間の安全保障」の視点からみて、脆弱な人びと、特に子どもの基本的人権を考えてみましょう。「脆弱な人びと」は英語では「Vulnerable People」などと呼ばれ、「弱い立場にいる人びと」を指します。自身の力では抵抗できない人びとですから、例えば、わかりやすい事例として戦場においては、子ども、老人、女性、障がいを持った人たちなどが想定されます。難民として国境を越えていく人びとの多くは、やはりこれらの人びとです。

さて、本節では脆弱な人びとの中でも「児童労働」の問題を中心に考えてみましょう。第1章で「児童の権利に関する条約（子どもの権利条約）」

を紹介し、18 歳未満のすべての者を「児童」と呼ぶことを確認しました。私はアジアを中心に各地を訪れ、調査などを通じて、日常的に「子ども」が労働に従事している場面に遭遇します。車に乗っているときは、車の間隙をぬって水、お弁当、土産品を売りにきます。列車に乗っているときには、停車時間を利用して同様な品物、時間によっては新聞を販売しています。道路沿いの出店で働く者、日干しレンガ作りなどの製品や商品製造に関わっている者など、日常的な光景です。

このような「子ども」たちが労働に従事する姿をみて、彼ら彼女らが悲惨であると思ったことはありません。なぜなら、子どもたちの多くが家族のために日銭を稼いでいる自覚を持っており、悲惨さよりもたくましさを感じることさえあります。引率する大学生たちも同様な印象だったようです。とはいえ、本来は学校に通い、自らの将来に必要な最低限の基礎教育や初等教育は絶対的に必要です。私たちは読み書き算盤（算数）は当たり前のことだと考えますが、そうではない子どもの多さに驚きます。基礎教育は人生の一歩であり、今後生きていくうえでの「ホップ・ステップ・ジャンプ」の最初の「ホップ」なのです。

さて、前置きが長くなりましたが、児童労働に関する国際的な捉え方を理解しておきましょう。子どもの就労年齢は実は国ごとに異なります（**表 6-4**）が、国際労働機関（ILO）では、一般的に義務教育の修了年次 15 歳を最低就労年齢としています。また、子どもの権利条約には、教育、健康など子どもを守るうえでの様々な義務が書かれています。その中で、第 32 条に「経済的搾取などからの保護」の記載があります。要するに、締約国は子どもが経済的搾取から保護され、危険かつ教育の権利を奪われたり、子どもの健康、さらには身体的、精神的、道徳的、社会的発達をするうえで有害の恐れがあったりするような労働から保護しなければならないという責務があるとうたっています。

隷属的な児童労働から子どもを保護するために、子どもの権利条約締約国は「児童の権利委員会」を設立し、定期的な子どもの権利状況を報告する義務が課せられています。ユニセフが中心的な役割を担う国連機関である一方で、国際NGOも独自のネットワークなどを生かし大きな役割を果たしています。例えば、国際人権を専門とするアムネスティ・インターナショナル日本は『児童労働』（2008年）という書籍を出版し、「人身取引」問題との関連で児童労働にともなう様々な問題点をわかりやすく解説し、同問題に関する啓蒙活動を展開しています。

私たちはすでに第5章第5節でグローバル・ガバナンスの一翼を担う国際NGOの役割について考えてみました。そこで『児童労働』のコラムから、国際NGOの活動事例としてよく知られている「児童労働」摘発に関する2つの事例を紹介します。第1の事例は、大好きなスポーツであると自認する人もいるサッカーに関わる児童労働問題です。それはサッカーボールの生産に児童労働が関わっていた問題です。1995年にサッカーボールの7割以上がパキスタンで生産され、同国の7000人の子どもが長時間労働、低賃金で生産作業に従事していたことが欧米のメディアに報じられたのです。国際機関、NGOの告発で企業姿勢も変わりますが、FIFA（国際サッカー連盟）も外部監査会社を設立して児童労働を監視するようになりました。まさにFIFAは「児童労働」をキックアウトしたわけです。

もう1つの事例は、ナイキのスニーカーにまつわる児童労働問題です。バスケットボール選手で著名なマイケル・ジョーダンも愛用していました。1997年に同社製品の委託製造元のインドネシアやベトナムの工場で児童労働が問題になりました。アメリカのNGOがナイキの社会的責任を批判し、不買運動が展開されました。上述の『児童労働』にも、カリブ海の島国のハイチで多くの子どもたちが長時間、低賃金で、しかも栄養不足に加えて靴の製造に使われるベンジンを含む接着剤を含んだ空気を吸って貧血で倒れ、呼吸障害、小児白血病などとの関係も疑われたことで、同社は告発されたと記述されています。

表 6-3　グローバル・コンパクト 10 原則：すべての原則の主語は「企業は」

人権	原則 1：国際的に宣言されている人権の保護を支持し、尊重する。 原則 2：自らが人権侵害に加担しないよう確保すべきである。
労働	原則 3：結社の自由と団体交渉の実効的な承認を支持すべきである。 原則 4：あらゆる形態の強制の撤廃を支持すべきである。 原則 5：児童労働の実効的な廃止を支持すべきである。 原則 6：雇用と職業における差別の撤廃を支持すべきである。
環境	原則 7：環境上の課題に対する予防原則的アプローチを支持すべきである。 原則 8：環境に関する大きな責任を率先して引き受けるべきである。 原則 9：環境にやさしい技術の開発と普及を奨励すべきである。
腐敗防止	原則 10：強要と贈収賄を含むあらゆる形態の腐敗の防止に取り組むべきである。

企業は「企業の社会的責任（Corporate Social Responsibility：CSR）」が求められるようになり、持続可能な開発目標（SDGs）の第 12 目標「つくる責任つかう責任」はもとより、持続可能な世界の実現には、企業自身が環境（Environment）、社会（Society）、ガバナンス（Governance）の「ESG」を企業の成長戦略に必要不可欠な投資要素として認識することが問われています。CSR、ESG が求められるのは児童労働問題だけではありません。例えば、2013 年にバングラデシュで起きた「ラナ・プラザ」倒壊事故です。同ビルには 3000 人以上が縫製工場で従事していましたが、結局 1000 人以上の従業員が犠牲になり、防災の不備や劣悪な労働環境の問題が明らかになりました。最近では中国新疆ウイグル自治区での少数民族ウイグル族への強制労働問題なども指摘されています。

最後に国連主導で取り組むグローバル・コンパクト（Global Compact：GC）に触れて本節を終えます。企業自身が自発的に取り組む 10 原則を掲げて、国際的なコンパクト（誓約）を求めるものです。1999 年の世界経済フォーラムで当時の国連事務総長コフィ・アナンの提案で 2000 年に発足しました。**表 6-3** が 10 原則ですが、大きく 4 分野に分かれます。世界人権宣言に基づく「人権」（原則 1・2）、国際労働機関（ILO）の労働における基本的原則および権利に関する宣言に基づく「労働」（原則 3・4・5・6）、

表 6-4　就職または就労の最低年齢

	先進国	開発途上国
軽易な仕事	13 歳	12 歳
通常の仕事	15 歳	14 歳
危険な仕事	18 歳	18 歳

出所：Global Compact ウェブサイト

地球サミットで決議されたリオ宣言とアジェンダ 21 に基づく「環境」（原則 7・8・9）です。最後に後で付加されたコーポレート・ガバナンス（企業の健全な運営）に基づく「腐敗防止」（原則 10）です。

グローバル・コンパクトのウェブサイトによると、世界の 161 カ国 1 万 6786 企業・団体がグローバル・コンパクトに加盟し、日本では 508 企業・団体が正会員として登録されています（2022 年 8 月 24 日時点）。アナン事務総長はグローバル・コンパクトに関する国連の専門機関を創設することはせず、事務総長のもとに事務局をつくりました。現在も　各国事務所のネットワーク型で運営されています。また、誓約に背いた企業への罰則はないものの、報告書の提出が求められています。企業は GC に誓約することで社会的信用を得られる一方で、もし違反した場合は、当然ながら国際社会からの信用を失うという大きな損失を被ります。

なお、GC 原則 5 の「児童労働」の中身を確認します。すでに述べましたが、「児童」の定義は 18 歳未満ですが、ただ国際基準では異なる年齢や発育段階によって子どもが許容できる、あるいはできない仕事を区別しています。しかしながら、ILO 条約第 138 号の最低年齢条約と第 182 号の最悪の形態の児童労働条約により、すでに述べたように就労の最低年齢は義務教育修了年齢未満で、15 歳を下回ってはならないとうたっています。ところが、経済や教育現場が不十分な状況になるような国家がまだ過渡期の状態にある場合には、上述の条約の例外が認められています。それが**表 6-4** で示されています。

【課題研究 6-3】

表 6-4 の就労年齢はあくまで「人身取引」に該当するような強制労働ではないことが条件です。表 6-3 を踏まえ、かつ 2 つの企業における児童労働の事例も参考にして、児童労働にともなう危険にはどのような問題があるのかを考えてみましょう。

5 ジェンダー視点からの平等とは何か

本章の最後に紛争・難民問題などで「脆弱な人びと」に含められている女性の地位に関する問題に触れます。皆さんも知っているように生物学的性差をセックスと呼ぶのに対してジェンダーは社会的・文化的性差を指しています。日本では 1995 年の北京で開催された第 4 回国連世界女性会議を契機にジェンダーという言葉が流布したといわれています。その後、1999 年に男女共同参画社会基本法が施行され、様々な場面における性別による差別的な取り扱いを受けない男女の人権の尊重がうたわれ、男女が社会の対等な構成員となる男女共同参画社会の促進が求められています。

さて、実際に日本の男女格差は世界的にどのようなレベルに置かれているのでしょうか。世界経済フォーラムでは毎年『男女格差報告書（*Global Gender Gap Report*）』を発表しています。**表 6-5** は 2022 年 7 月に発表された報告書で掲載されたジェンダー・ギャップの順位です。この順位は、経済（女性の経済への参画及び機会）、教育（女性の教育達成度）、健康（女性の健康及び生存力）、政治（女性の政治参加への強化）の 4 分野でのスコア（評価指数）とそれらに基づく総合評価から世界各国の男女格差の現状を分析してつけられています。

表 6-5 からわかることは、日本が先進国首脳会議（G7）諸国では際立ってジェンダー・ギャップが大きいことです。その原因は**表 6-6** をみると一

表 6-5　ジェンダー・ギャップ指標による上位国及び主要国ランキング（2022 年）

順位 146 カ国	国名	スコア (0-1)	2021 年度順位 156 カ国	備考 国際的所属機関
1	アイスランド	0.908	1	
2	フィンランド	0.860	2	EU
3	ノルウェー	0.845	3	
4	ニュージーランド	0.841	4	
5	スウェーデン	0.822	5	EU
10	ドイツ	0.801	11	G7/G20/EU
15	フランス	0.791	16	G7/G20/EU
19	フィリピン	0.783	17	ASEAN
22	イギリス	0.780	23	G7/G20
25	カナダ	0.772	24	G7/G20
27	アメリカ	0.769	30	G7/G20
49	シンガポール	0.734	54	ASEAN
63	イタリア	0.720	63	G7/G20/EU
79	タイ	0.709	79	ASEAN
83	ベトナム	0.705	87	ASEAN
92	インドネシア	0.697	101	G20/ASEAN
99	韓国	0.689	102	G20
102	中国	0.682	107	G20
103	マレーシア	0.681	112	ASEAN
116	日本	0.650	120	G7/G20
135	インド	0.629	140	G20
	ロシア		81（0.708）	G20、2022 年記載なし

表 6-6　日本におけるジェンダー・ギャップ指標と世界の順位

各指標	2022 年ジェンダースコア ／順位（146）	2021/2020
経済分野	0.564（121）	0.604/0.598
教育分野	1.000（1）	0.983/0.983
健康分野	0.973（63）	0.973/0.979
政治分野	0.061（139）	0.061/0.049
総　合	0.650（116）	0.652/0.652

目瞭然です。まず、女性議員がほとんど増えていないことです。議会における女性議員数では世界133位で、スコア（評価指数）も0.107です。いうまでもなく女性首相も出ていません。女性の閣僚ポスト数のスコアも0.11で、120位の順位です。

次に、評価が低いのが経済分野のスコアです。女性の労働参加率が83位、男女の賃金格差率が76位です。特に低いスコアは、女性の管理職の割合の低さで130位です。また、女性が本来獲得できる所得見込み（推定勤労所得）では100位に順位づけされています。

【課題研究6-4】

日本のジェンダー・ギャップ指標における政治分野のスコアが極端に低いことが、世界の総合順位の低さに反映されています。それではどのように女性の政治分野におけるスコアを高めるのか。具体的には女性議員・閣僚や首長の数をどのように増大させるのかを諸外国の取り組みなどを参考にして考えてみましょう。

なお、上述では世界経済フォーラムのジェンダー・ギャップ指標を紹介して、特に日本の問題点を指摘しました。ただ、ジェンダーに関わる取り組みは多岐にわたります。例えば、開発分野では1970年代から女性の開発における役割の影響力が認識されて「Women in Development：WID」の考え方が注目され、開発援助の重点課題とされるようになりました。ただその一方で、女性のみを開発の受益者とみなすことで男女間の不平等が指摘されたことで「Gender and Development：GAD」という考え方も展開されます。しかし、1990年代からは、開発の各段階における女性の役割強化の必要性からエンパワーメント（Empowerment）の概念も登場します。日本の開発援助機関であるJICAでは開発におけるジェンダー関連プロジェクトの案件を積極的に進めています。

第 6 章のまとめ

多岐にわたる「人間の安全保障」の適用範囲を踏まえて、最も核心的な論点を整理・分析してみましょう！

「人間の安全保障」の考え方は、本章の問題意識を踏まえて整理すると、冷戦時代の米ソ両陣営に基づく主権国家が強固な時代から、冷戦後の国内紛争や地域紛争の激化で国家から保護を受けられなくなった無辜《むこ》の人々（罪がないにもかかわらず被害を受ける人びと）、あるいは脆弱な人びとが強制的に移動を強いられる状況の中で、国連などが主導する新たな安全保障の考え方として登場してきたわけです。つまり、国境を超えた立場で、個々の人間の安全をいかに守るのか、人が日常生活を送る地域社会をどのように保護するのか、という考え方です。

本章では、第 2 節でテロリズムの問題を扱いました。テロは国家間の戦争とは異なり、何気なく日常生活を送る一般市民を突然攻撃の対象に据えます。現代的テロリストの多くは宗教的背景を背負っていますが、彼らのすべてが最初から過激な運動家であったわけではありません。「ホームグロウンテロ」という言葉を知っていますか。先進国に移民してきた 2 世、3 世が育った国の人びとに向けてテロを起こす現象です。2005 年 7 月にロンドンで起きた同時多発テロの実行犯はいずれもイギリス生まれのパキスタン系青年でした。

この種のテロはその後も続いていますが、問題はなぜ彼らはテロを起こすのかです。彼らの不満は何か。その根底の多くはやはり差別や格差です。彼らが日常生活を送る社会での不満の蓄積で、彼らは SNS などの手段を通じてアルカイダやイスラム国（ISIS）などの過激主義者との接点を深め、結局「自爆テロ」などを行う戦闘員になるよう仕向けられています。差別や格差は子どもの人身取引を誘発し、過酷で隷属的な労働を強い、さらには「子ども兵士」へと誘引することになります。

貧困や格差を是正するにはすでに皆さんと学習した構造的暴力の除去が必要ですが、それには女性のエンパワーメントも重要になります。いまや開発分野でも女性の参画を前提にしたジェンダーの主流化が当然であり、開発における女性の役割は何よりも貧困脱却における推進力となっています。第３章で触れた内発的発展におけるユヌス教授のグラミン銀行設立の発想は、バングラデシュの村落における女性への支援事業が家計の向上や子どもたちへの教育機会への投資に直結していることにありました。

差別や格差の問題は私たちの日常の中にも厳然として存在しています。皆さんは「ガラスの天井」という言葉を知っていますか。思い出されるのは、2016年のアメリカ大統領選挙でヒラリー・クリントンがドナルド・トランプに敗れたときに、女性の進出を阻む「ガラスの天井」の最後の１枚を破れなかったと述べたことです。誰かが破って「初の女性大統領」を誕生させてくれるであろうという敗北宣言をしたことで知られるようになりました。本章第５節でみたように、日本には何重もの「ガラスの天井」があるといっても過言ではないでしょう。

【新しい研究課題の設定に向けて 6】

本章で理解したように「人間の安全保障」の分野は多岐にわたります。その中で本章では限られた問題を扱いました。すでに何度も触れている SDGs の 17 の目標すべてが「人間の安全保障」に関連する内容であるといっても過言ではないでしょう。そこで、本章で取り上げた問題の中で 1 つを選び、SDGs 目標にどのように関わるか整理し、その実現に向けた取り組みも調べてみましょう！

第7章

ベーシック・ヒューマン・ニーズ（BHNs）とは何か

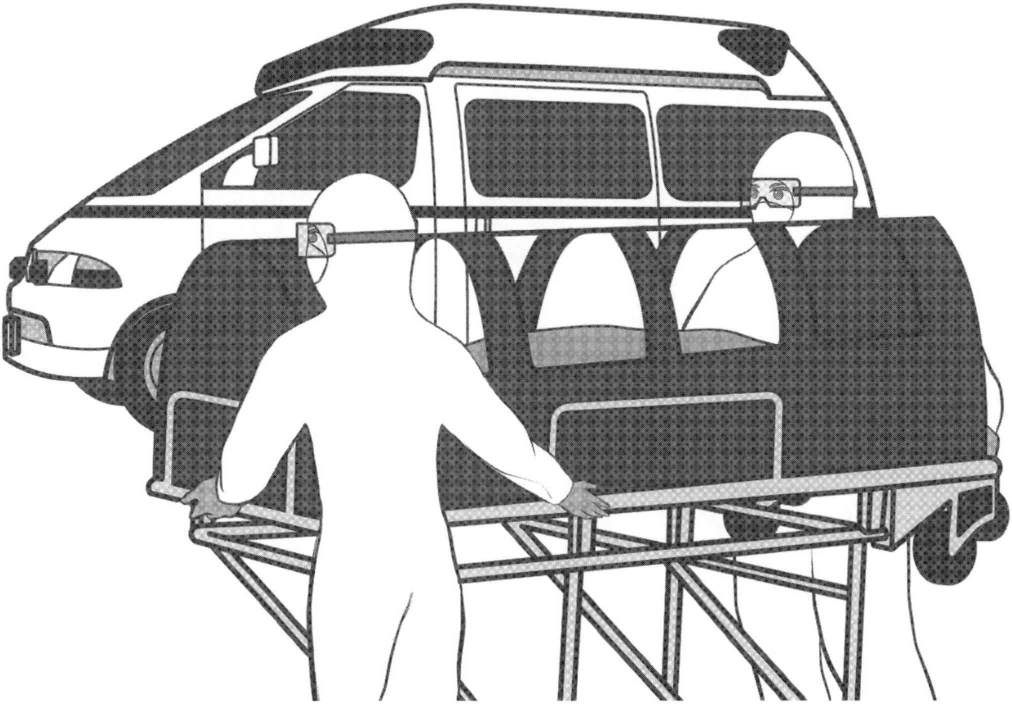

1 ベーシック・ヒューマン・ニーズ（BHNs）がなぜ必要なのかについて問題意識を高めましょう！

まず、BHNsとは「Basic Human Needs」の頭文字をとった言い方です。要するに「人間が生活するうえで最低限必要な物資」を指しています。そうなると、食料、住居、衣服などの「衣食住」が私たちの日常生活を送るうえで必要な条件になります。ただ、「衣食住」だけでは私たちが保障されている基本的人権を維持することはできません。私たちは憲法で保障されている基本的人権として、「健康で文化的な最低限度の生活を営む権利」（第25条）や、「能力に応じて、ひとしく教育を受ける権利」（第26条）などの様々な権利を有しています。もちろんそれらとともに義務もともなっています（日本国憲法第3章）。

したがって、BHNsには必要最低限の物資、医療、保健、教育などの私たちが日常生活に必要な基本的要素が含まれています。各国政府は国民に対してこれらの社会サービスを提供する責務があるのです。すでに第3章では「貧困」の解決に向けた国際社会の取り組みを学習し、また第6章では「人間の安全保障」概念を紹介し、その中でも特に「恐怖からの自由」と「欠乏からの自由」が中心的な課題であることを学びました。

そこで、本章ではBHNsの中で保健、衛生、医療、教育の問題を扱ってみます。もともとBHNsの登場は、第3章で学習した貧困問題解決に向けた開発のあり方に関係しています。つまり、南北問題解決に向けて欧米社会が歩んだ経済開発の手法を途上国の開発に適用しました。例えば、1960年代を主導した開発理論であるウォルト・W・ロストウの「経済発展の諸段階」の考え方です。経済発展は、伝統社会→離陸（テイク・オフ）のための先行条件の形成期→離陸→成熟への前進→高度な大量消費社会へと、これらの過程で進むと述べました。特に、近代化や産業化には貯蓄率と投資率が高まる「離陸」（テイク・オフ理論）の時期が最も重要になると指摘しています。

また、ロストウのテイク・オフ理論を支える考え方がトリクル・ダウン仮説です。途上国経済に不足している大量の資本と物資を先進国が援助し、途上国の経済発展を促すと自然にその果実が途上国の貧困層にも滴り落ち(Trickle down)、やがて途上国も豊かになっていくという仮説です。しかしながら、1970年代の途上国の経済発展をみると、テイク・オフ理論とその前提となったトリクル・ダウン仮説では所得分配の不平等は解決されず、貧困問題の深刻化は止まりませんでした。

そこで考えられたのが直接貧困層の必要最低限の社会サービスを充実させようとするBHNsの導入になったわけです。まず、1973年にアメリカではベトナム戦争からの撤退を契機に「対外援助法」が改正され、社会サービスを優先課題とする新しい援助のあり方が提起されました。また、1976年に国際労働機関（ILO）は「世界雇用会議」などを通じてBHNsアプローチが開発目標の1つに据えられ、世界銀行、開発援助委員会（DAC）などにも採用されていくことになったのです。

本章ではすでに述べたように、BHNsアプローチの中で、保健、衛生、医療や教育の問題を各節で扱います。実は、これらの分野は人間開発指数（HDI）の基本的要素であったことを覚えているでしょうか。保健・衛生分野の指数では出生児平均余命を取り上げ、教育分野の指数では就学率や成人識字率を利用して人間開発指数をもとにボトムアップ的な貧困解決の手法を理解しました。

世界保健機関（WHO）は2020年に発表した「国際的に懸念される公衆衛生上の緊急事態」の終了を23年5月に宣言しました。しかしこの間、私たちは新型コロナウイルス感染症によるパンデミック（大流行）に直面しました。感染症との闘いは特に14世紀のペスト（黒死病）の流行から存在していました。しかし、今回の新型コロナウイルス感染症パンデミックによって、私たちの行動は数年にわたって制約され、途上国を中心にたくさんの方々が犠牲になっています。保健・衛生・医療、場合によっては感染予防教育などが本章で扱うBHNsと関わりが深いことはいうまでもありません。まずは、感染症問題から本章を始めます。

次に、医療アクセスの問題を扱います。持続可能な開発目標（SDGs）の目標3で「すべての人に健康と福祉を」求めているように、先進国と途上国の医療アクセスの問題は目標3の実現には必須の取り組みです。国際社会が取り組むユニバーサル・ヘルス・カバレッジ（UHC）の考え方を中心に第3節は議論します。さらに、第4節と第5節では教育問題を扱います。SDGsの目標4「質の高い教育をみんなに」もたらすために、第4節では教育格差の実態を明らかにし、第5節では国際社会の取り組みを取り上げてみます。これらの課題はいうまでもなくBHNsという私たちが有する基本的人権だからです。

2 BHNsを脅かす新型コロナウイルス感染症（COVID-19）パンデミック

新型コロナウイルス感染症（以下「コロナ」）患者が中国の武漢市で報告されたのが2019年12月初旬です。わずか数カ月でパンデミックといわれる世界的大流行となりました。日本では2020年1月15日に最初の感染者が報告されました。その後、コロナの変異株も生まれ、感染者数は増大を繰り返し、インフルエンザ同様の扱い（「5類感染症」に移行）となる直前の2023年5月8日までの陽性感染者数は約3380万人、死者数は7万4669人でした（厚生労働省）。また、前節で述べたようにWHOは緊急事態を終了させましたが、5月3日のWHO集計では世界の感染者数は約7億6500万人、死者数が692万人以上と報告されています。しかし、「実際の死者数は、その数倍、少なくとも2000万だ」とテドロスWHO事務局長が会見で述べたように、途上国を中心とする被害の数の大きさに驚きます。

新興感染症との闘いは、古くは6世紀、特に14世紀にヨーロッパで大流行したペスト（黒死病）で2500万人近くが死亡し、16世紀の天然痘で800万人、1918～19年のスペイン風邪でも5000万人が死亡、1957～58年のアジア風邪では110万人、1968年の香港風邪で100万人、2009～10年の新型インフルエンザでは15万～57万人の死亡者が出たといわれています。それ以外にも局地的な流行としては、2002～03年のSARS（重症急性呼吸器症候群）で約800人、2012年のMERS（中東呼吸器症候群）で800人以上の犠牲者が数えられています（『朝日新聞』2023年5月9日、ただ出所によって犠牲者数はばらつきがあります）。

このように私たち人類は絶えず新興感染症に直面しています。上述の感

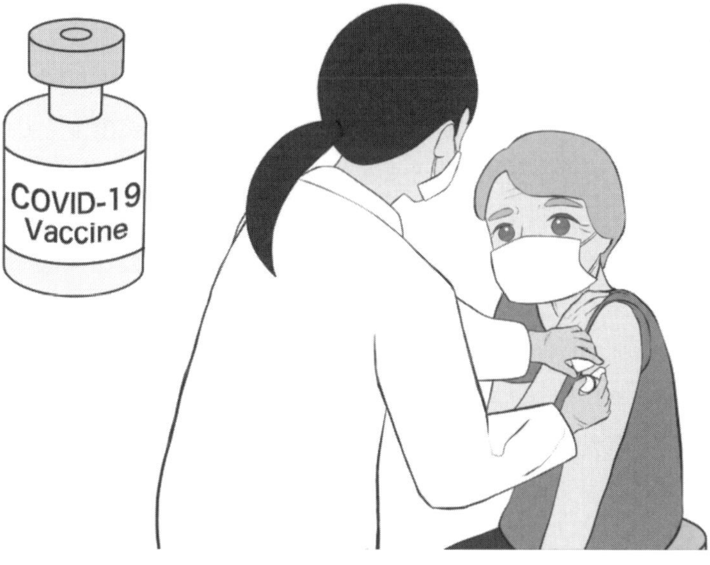

染症のスペイン風邪、ペスト、天然痘に次ぐパンデミックとして、今回のコロナは位置づけられます。もちろん、いまだ進行中のHIV/エイズでは1981年以来すでに4000万人が亡くなっていると報告されていますが、大きな新興感染症であることがわかります。コロナ感染を止めるにはまずはワクチン接種であることはいうまでもありません。上記同時期でのワクチンを1回以上接種した世界人口の割合は68.7%で約53億人と報告されています。

いずれにしてもワクチンが世界各国に平等に行き渡ることが感染の収束につながります。そうすると、やはり途上国におけるワクチンの分配が重要な鍵となります。WHOはコロナワクチンへのグローバルな分配に向けた取り組みを行っています。WHO、ユニセフらが主導するCOVAXファシリティ（COVID-19 Vaccine Global Access Facility）という取り組みですが、世界のあらゆる国や地域にワクチンを公平に分配するために国際社会全体で結束してコロナ収束を目指すシステムです。

COVAXファシリティは2020年に発足し、64カ国・地域が高所得国で、92カ国が中・低所得国の計156カ国・地域の参加で始まりました。2021年5月時点では、高・中所得国93カ国・地域、途上国92カ国・地域の計185カ国・地域が参加しています。高・中所得国は、拠出金をCOVAXに支払い、企業のワクチン開発や製造設備費にあてる一方で、自らの資金で自国用ワクチンの購入とドナー（国・団体等）からの拠出金による途上国へのワクチン供給を行う2つの組み合わせを通じて動いています（**図7-1**参照）。

したがって、低所得国はCOVAXなどの財政的支援を受けてワクチンの無料提供を受けます。ユニセフによると、COVAXを通じて初めてワクチンが供給されたのは2021年2月のアフリカのガーナで、その後コートジボワール、アフガニスタン、パレスチナ、イエメンと続き、2022年6月までに145カ国で15億6000万回分のワクチンが提供されたとのことです。

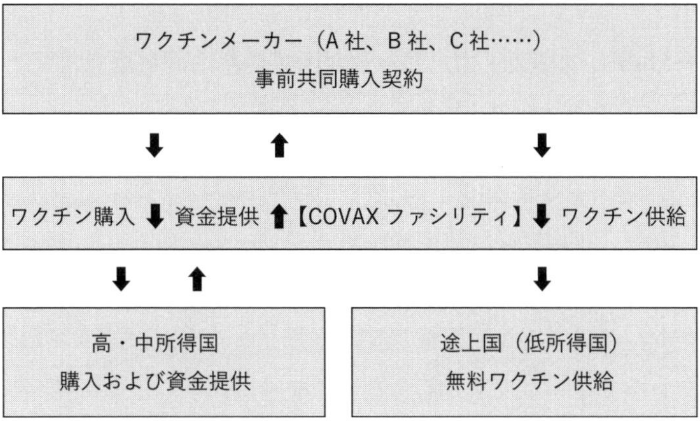

図7-1　COVAX概念図
出所：厚生労働省ウェブサイトを参考に作成

2020年末までには低所得国で暮らす脆弱な人びとの70%がワクチン接種可能な41億回分の供給を目指していると述べています。緊急事態宣言が終了しても、依然としてコロナの感染が収束したわけではなく、引き続きワクチンの公平な分配が求められます。

【課題研究7-1】

COVAXファシリティの意義は理解できたでしょうか。ただ、ユニセフの目指している目標には依然到達していません。このWHO主導の国際的な協調的システムのほかに、「ワクチン外交」を独自に展開する国々もありますが、国境を超えた人類の脅威に対応するには、なぜ国際協調的な取り組みが必要なのかを考えてみてください。また、日本政府の取り組みも調べてみましょう。

3 ユニバーサル・ヘルス・カバレッジ（UHC）とは何を目指すのか

1948年に設立されたWHOは「健康が基本的人権」であると宣言します。また、ユニバーサル・ヘルス・カバレッジ（UHC）を「すべての人が適切な予防、治療、リハビリ等の保健医療サービスを、支払い可能な費用で受けられる状態」と定義しています。2005年の世界保健総会で提唱された、すべての人が経済的な困難をともなうことなく保健医療サービスを受けられるようにすることです。また、SDGsの目標3にある「すべての人に健康と福祉を」を実現することに対応しています。

国連では各会議の成果文書、各種宣言、世界保健総会決議などの様々な機会を通じて、健康の社会的決定要因、持続可能な保健の財政制度、ユニバーサル・ヘルス・カバレッジに関する議論を行ってきました。例えば、2012年12月12日に国連総会で採択された決議文章（グローバル・ヘルスと外交政策）の第10項目では、UHCが「住民の貧しい、脆弱なそして周縁化された階層について特段の重点を置く」ことを最優先に、やはり医療サービスの使用で財政的な苦難を使用者に与えないこと、すべての人が「促進的な、予防的な、治療上のそしてリハビリの必要な基本的な公共医療」へのアクセスにおいて差別的な扱いがないことをうたっています。2017年の総会においてもこれらの決議案が再確認され、12月12日を「ユニバーサル・ヘルス・カバレッジ（UHC）国際デー」とすることが決定されました。

また、日本の国際協力機構（JICA）ではUHC達成に向けて「保健医療サービスが身近に提供されていること」「保健医療サービスの利用にあたって費用が障壁とならないこと」の2項目が達成される必要性を訴えています。それを踏まえて、第1に基本的に医療施設、医薬品、医師・看護師がいないという物理的条件の問題、第2に医療費の自己負担、受診に向

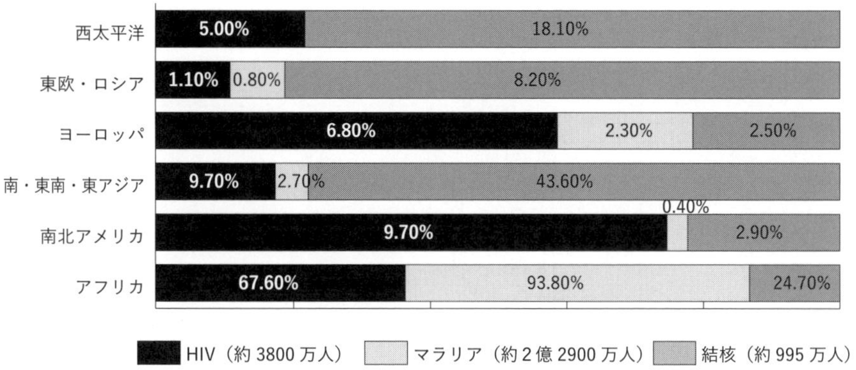

図 7-2　三大感染症：感染者数の地域別割合（JICA/WHO）
出所：JICA「つながる世界と日本」

けた交通費、病気にともなう収入減という経済的条件の問題、第 3 にサービスの重要性や必要性の認識がないこと、家族からの不許可、言語の理解度、賄賂の請求というような社会慣習的な条件の問題という、3 つの観点からの保健医療サービスの改善と質の向上を指摘しています。

SDGs の目標 3 には 9 つのターゲットが書かれています。その中でも核となる関心事は、子どもの健康、母性保健、HIV/エイズ、マラリア、結核などの感染症に注目していることです。特に感染症はグローバル化の時代を迎えて人の国際移動が活発化している現状から、流行を止める難しさに直面しています。まさに今回のコロナ対応で苦慮している現実です。そこで、三大感染症（HIV、マラリア、結核）の地域別の感染者の割合を JICA 資料から確認してみます。**図 7-2** でわかりますが、HIV、マラリア、結核にはそれぞれかなりの地域的な偏りの傾向があります。

厚生労働省検疫所によると、HIV は HIV というウイルスに感染した人の血液、母乳、精液、膣分泌液などの様々な体液で感染します。HIV に感染し発症すると他の病気に対する抵抗力が弱体化して、いろいろな病気

表 7-1　サハラ以南アフリカ諸国の医療アクセス困難国（人口 1 万人当たり）一覧（2020 年）

国名	人口数（千人：2021）	医師数	看護師・助産師数
ガンビア	2,640	0.8	9.5
シエラレオネ	8,421	0.7	7.5
セネガル	16,877	0.9	5.4
チャド	17,180	0.6	2.0
トーゴ	8,645	0.8	5.1
ブルキナファソ	22,101	0.9	9.3
ベナン	12,997	0.7	3.0
マラウイ	19,890	0.5	7.1
モザンビーク	32,077	0.9	4.9
日本	125,502	*24.8	*119.5
アメリカ	336,998	*26.1	*156.9

* は 2018 年の数値
出所：WHO “The Global Health 0bservatory”『国勢図会 2022/23』435 ページ

を併発することになります。図 7-2 の出所元の JICA の説明では、アフリカでもサハラ以南地域、ロシア、アジア、中南米の一部地域で流行していると指摘されています。UNAIDS（国連合同エイズ計画）の 2020 年の資料では、南アフリカ共和国で 7800 人、インドで 2300 人、モザンビークで 2100 人、タンザニアとナイジェリアが 1700 人、ザンビア、ケニアと、インドを除いてサハラ以南アフリカ諸国が続いています。

次に、マラリアですが、マラリア原虫を持った蚊（ハマダラカ属）に刺されることで感染します。私の調査地域である熱帯・亜熱帯地域で流行しています。最後に結核です。結核菌に感染することでかかる病気です。肺結核患者の咳やくしゃみなどで、空気中に結核菌が飛散し、周辺の人がそれを吸うことで感染します。アジア地域とアフリカで多く発生しています。

図 7-2 の出所元である JICA が指摘しているように、アフリカのサハラ以南の国々が深刻な状況です。そこで、いくつかの国を取り上げて WHO

のグローバル・ヘルス調査から医療アクセス（人口1万人当たりの医師数と看護師・助産師数）の実態をみてみます（**表7-1**）。なお、ワクチン接種率と同様にWHO調査（2020年）から確認すると、1歳児における結核予防のBCG接種率で50%を切っているのは、ソマリアの37%、3種混合（ジフテリア、破傷風、百日咳の3種混合）ワクチン接種率でもやはり50%を切っているのは、ソマリアと中央アフリカ共和国の42%、南スーダンの49%です。ポリオワクチンの接種率でも同じ3カ国で47%、46%、50%の数値になっています。明らかにこれら地域での政治社会の不安定化が国民のUHCへの不十分な対応を反映しているようです。

【課題研究7-2】

BHNsの1つであり、人間開発指数（HDI）を裏づける出生児平均余命の数値を伸ばす意味でもUHCは重要な役割を果たしています。しかし実際はサハラ以南アフリカ地域を筆頭に途上国での医療アクセスの問題は深刻です。そこで、上述したJICAのUHC改善に向けた3つの観点を踏まえて、具体的に医療アクセス解消の問題点は何かを考えてみましょう。

4 教育格差の実態と是正への取り組み

UHC同様にBHNsやHDIにとって重要なのが教育格差の是正です。私は国際協力の一環として、すでに述べてきたようにアジアの民主化や人権を支援するための選挙監視活動に従事してきました。同活動の中で重要な役割の1つが途上国における字が読めない、書けないという有権者に対する有権者教育です。皆さんは「識字率」という言葉を聞いたことがあるはずですが、実に多くの人びとに、特に老人が中心ですが、候補者や政党の名前が読めない、同様に投票用紙に必要な情報を記載できないという現実があります。そこで工夫された一例として、投票用紙には候補者名や政党名の代わりにシンボルとして日常品のイラストが印刷されたり、文字を書く代わりに該当箇所に穴を開けたり、ボールペンでチェックしたり、あるいはハンコを押したりして意思表示をするのです。国連などの支援があった国々では顔写真や政党シンボルがカラーで印刷されている投票用紙を使用する場合もあります。

前置きが長くなりましたが、私の経験談は要するに世界には多くの非識字の人たちが存在しているという事例です。総務省統計局「世界の統計2023」で引用されているユネスコ統計研究所「識字率は世代を超えて上昇を続けている」によれば、2016 年のデータでは 15 歳以上の 7 億 5000 万人が非識字者で、そのうち 63%が女性であると報告されています。逆に識字率のデータをみると、15 歳から 24 歳までの青年は学校に通う機会が増大していることを反映し 91%で、25 歳から 64 歳までの一般成人が86%、65 歳以上では 78%となっています。また、女性の非識字率は男性の 3 倍を超えており、65 歳以上では 67%です。

ただ、社会経済的不平等、人口増加や経済の発展を理由に、地域によって識字率は異なります。例えば、皆さんと同世代の青年の識字率（2016年）をみると、中央アジアの 99.9%から一番低いサハラ以南アフリカの75.4%の範囲で収まっています。ただ 65 歳以上の識字率をみると青年の識字率で最も低かったサハラ以南アフリカでは 36%という数字です。次に、南アジアで青年 89%に対して 65 歳以上 42%、北アフリカと西アジアでは 90%と 53%で格差が大きいです。しかしその一方で、中央アジア、ヨーロッパと北アメリカでは 100%と 99%、100%と 98%と年代による識字率の格差はほとんどありません。

表 7-2 では、すでに第 3 章第 5 節で学習した『人間開発報告書』の2021/2022 年版を利用した人間開発指数（HDI）低位諸国（いずれもサハラ

表 7-2　人間開発指数（HDI）の低位国下位 5 カ国における教育格差状況

順位 (191)	国名	HDI	出生児 平均余命	予測就学 年数	平均就学 年数	*1 人当たり の GNI
187	ブルンジ	0.426	61.7 歳	10.7 年	3.1 年	732 ドル
188	中央アフリカ	0.404	53.9	8.0	4.3	966
189	ニジェール	0.400	61.6	7.0	2.1	1,240
190	チャド	0.394	52.5	8.0	2.6	1,364
191	南スーダン	0.385	55.0	5.5	5.7	768
	サハラ以南アフリカ	0.547	60.1	10.3	6.0	3,699
	最高位国平均	0.896	78.5	16.5	12.3	43,752
	高位国平均	0.754	74.7	14.2	8.3	15,167
	中位国平均	0.637	67.4	11.9	6.9	6,353
	低位国平均	0.518	61.3	9.5	4.9	3,009
	発展途上国	0.685	69.9	12.3	7.5	10,704
	世界全体	0.732	70.4	12.8	8.6	16,752

* 2017 年の PPP（購買力平価）基準のドル額。それ以外の指標は 2021 年。

以南アフリカ諸国）の HDI とそれを構成する 3 つの指標を確認したものです。本節で学習する教育アクセスの問題を考えるうえで HDI の指標は相関関係があるはずです。なお、表 7-2 に記載されている予測就学年数とは「25 歳以上の人が生涯を通じて教育を受けた期間の平均年数」を指し、平均就学年数とは「就学年齢の子どもがその後の生涯を通じて受けると予測される教育の年数」を指します。

ちなみに、参考として人間開発指数における 4 分類ですが、「最高人間開発国（最高位国）」の HDI は 0.800 ～ 1.000、「高位人間開発国（高位国）」は 0.700 ～ 0.799、「中位人間開発国（中位国）」は 0.550 ～ 0.699、「低位人間開発国（低位国）」は 0.350 ～ 0.549 を基準に、『人間開発報告書』（2021/22 年版）では 191 カ国のランキングが記載されています。

【課題研究 7-3】

教育格差の問題は表 7-2 の HDI をみると一目瞭然です。「識字 (Literacy)」とは「読み書き計算」が含まれます。ところで、非識字であるがゆえにどのような不利益が生じることになりますか。1 つの事例として、選挙権を十分に行使できないことがあるという事例を紹介しました。それ以外にどのような具体的な不利益を被ることになるでしょうか。

5 「基本的人権」を守る教育の国際的な取り組み

産業革命は 18 世紀後半にイギリスから始まり、農業社会から工業社会を基盤とする資本主義社会経済への移行と経済社会自体の変化を促しました。19 世紀以降は各国に広まり、石炭・蒸気などの動力を使うことで工業化はいっそう進んでいきます。その結果、産業社会の進展には均質な労働力が必要となり、義務教育を通じて国民と国家の関係はいっそう強化されていくことになります。それが国民国家形成の背景の一つにもなります。

このように、教育は工業化、産業化にとっての重要な人的資本として近代化の柱になっていきます。かつて『学歴社会　新しい文明病』を著したロナルド・ドーアは、近代化を急ぐ後発国こそ就職のための学歴獲得競争が激しくなっていると指摘し、雇用と教育との関係に注目しました。特に日本のように遅れて近代化を果たした後発先進国における学校の役割は雇用に直結する学校教育を重視してきました。この考え方は「学歴偏重」という用語も生み出しました。東アジア諸国の経済発展のあり方に一定の影響を与えたのは間違いないでしょう。

さて、このような雇用と直結した「人的投資」機関としての学校教育の役割から転換し、基本的人権として、BHNs における社会サービスのあり

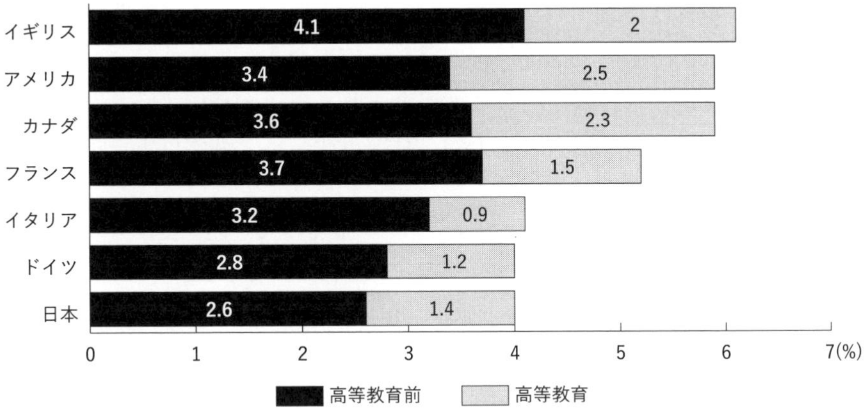

図 7-3　G7 教育機関に対する 2018 年支出の対 GDP 比率

方、さらには「人間の安全保障」の考え方を教育の前提とする世界会議が1990 年にタイのジョムティエンで開催されました。基本的人権としての教育のあり方に関する世界規模の会議で、「万人のための教育世界会議（World Conference on Education for All：EFA）」と呼ばれています。EFA は 155 カ国の代表、世界銀行、ユネスコ、ユニセフ、国連開発計画（UNDP）などの 30 以上の国際機関、さらに 100 団体を超える NGO が参加した大規模な教育に関する会議として開催されました。

同会議では「万人のための教育（EFA）宣言」が採択され、幼児教育、識字教育、ノンフォーマル教育などを含めた基礎的な学習機会の保障を基本的な人権と位置づけたのです。初等教育を中心に据えながらも基礎教育の概念を拡大させました。同時に採択された「基礎的な学習ニーズを満たすための行動の枠組み」では 2000 年までにすべての人びとが基礎教育を受けられるような具体的な活動方針が示されました。

図 7-3 は、経済開発協力機構（OECD）の「図表でみる教育 2021 年版（Education at a Glance 2021）」から引用しています。2018 年の GDP（国内総

生産）に占める教育支出の割合で、「高等教育前」に該当する機関は、日本では小学校、中学校、高等学校、職業学校が含まれます。これら学校の施設や設備費用、教職員の給与などが含まれる支出総計です。また「高等教育」に該当する機関は、短期大学、高等専門学校、大学以上を指し、研究・開発費などが含まれます。

さて、2000 年にセネガルのダカールで「世界教育フォーラム」が開催されました。EFA 会議で決められた目標数値に到達していない状況を踏まえて、2015 年までに達成すべき 6 目標からなる「ダカール行動枠組み（EFA ダカール目標）」を採択しています。この会議にも 181 カ国政府、31 の国際機関の代表が参加して、EFA 宣言に向けた教育開発の重要性を再確認したわけです。EFA 会議同様にユネスコ、ユニセフなどの国際機関が中心となって開催した会議でした。6 目標は以下の通りです。

「EFA ダカール目標」（外務省「万人のための質の高い教育」より）
①就学前教育の拡大と改善
②無償で良質な初等教育を全ての子どもに保障
③青年・成人の学習ニーズの充足
④成人識字率（特に女性）を 50%改善
⑤教育における男女平等の達成
⑥教育のあらゆる側面での質の改善

国際社会の教育改善の取り組みは、2000 年のミレニアム開発目標（MDGs）に続きます。MDGs に関してはすでに第 3 章の貧困問題で、次に触れる SDGs とともに言及してきました。MDGs の 8 目標の目標 2「普遍的な初等教育の達成」と目標 3「ジェンダー平等の推進と女性の地位向上」が「EFA ダカール目標」を包含する内容となっています。次に大きな教育改善に向けた国際社会の取り組みはすでに本章の中心的枠組みとなっているSDGsの目標4「質の高い教育をみんなに」です。「すべての人びとへの包摂的かつ公正な質の高い教育を提供し、生涯学習の機会を促進する」と掲げられています。

SDGs以前の取り組みは、むしろ就学における男女格差の是正を中心的課題として扱ってきました。しかし、SDGs目標4では「包摂的かつ公正な質の高い教育を提供する」ことに中心が移ってきています。「包摂的な教育」とは英語の「Inclusive Education」を意味しますが、例えばユネスコでは「正規・非正規の教育環境における広範囲にわたる学習ニーズに適切な対応を提供していく」ことを意味し、学習者の多様性に向けた教育システムの構築を目指すようになりました。

具体的には、障がい児が健常児とともに普通学級へ適合することを進めていたのが統合教育でしたが、それに対してインクルーシブ教育は教師や

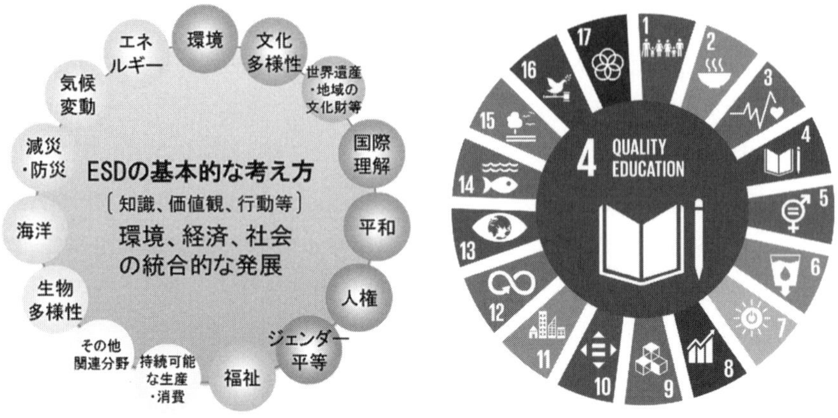

図 7-4　ESD の基本的な考え方と SDGs の 17 の目標との関係
出所：日本ユネスコ国内委員会

学校が子どものニーズに適合して対応することが求められるようになりました。現在は障がい児のみならず、帰国子女、移民や経済的困窮の子弟など、健康、文化や言語の違いなど背景が異なる多様な立場の子どもたちが存在し、したがってその教育ニーズも一様ではなくなっています。その観点からも「包摂的かつ公正な質の高い教育の提供」が望まれているわけです。

最後に、持続可能な開発のための教育（Education for Sustainable Development：ESD）に触れておきます。ESD を強化することが SDGs の 17 のすべての目標実現に貢献し、結果的に公正で持続可能な世界の構築を目指すことにつながります。日本ユネスコ国内委員会では「地球上で起きている様々な問題が、遠い世界で起きていることではなく、自分の生活に関係していることを意識付けることに力点をおく」という考え方が ESD の基本であると説明しています。**図 7-4** は、「身近なところから行動を開始し、学びを実生活や社会の変容につなげることが ESD の本質」であることを示しています。

【課題研究 7-4】

「教育」が様々な観点から国際社会が取り組むべき重要課題であることが理解できたはずです。特に図 7-4 から SDGs 目標 4「質の高い教育をみんなに（Quality Education）」が ESD の基本的な考え方とつながっていることがわかります。これらの考え方を前提に、図 7-3 の G7 諸国でなぜ日本が対 GDP 比率で教育機関への支出が少ないのかを議論してみましょう。

第７章のまとめ

BHNsを踏まえた保健・衛生と教育分野の現状および今後の展望を考えてみましょう！

日本国憲法第11条では、「国民は、すべての基本的人権の享有を妨げられない」とうたっています。私たちが有する基本的人権は侵すことのできない永久の権利として認識されていることを前提に、「健康で文化的な最低限度の生活を営む権利」（第25条）と「国民は、法律が定めるところにより、その能力に応じて、ひとしく教育を受ける権利を有する」（第26条）というまさに「人間の基本的ニーズ（BHNs）」の主要な２つのテーマについて本章では学習しました。

私たちはいま未曾有の感染症となっている新型コロナウイルス（COVID-19）パンデミック最終局面にいます。今までも様々な感染症に人類は侵されてきました。今回のコロナは感染者数の規模から死者数に至るまで人類が経験してきたパンデミックの歴史に残るものです。これほどまでに感染者数が拡大した要因の１つには、国際社会における医療格差をはじめとする様々な格差の問題が潜んでいたことが背景にあるのは間違いないでしょう。

そこで本章ではまず医療アクセスの問題を扱いました。例えば、表7-2の人間開発報告書のHDIに注目しました。出生時平均余命に関する最高位人間開発国平均では78.5歳であるのに対して、低位人間開発国平均では61.3歳です。サハラ以南アフリカ諸国では60.1歳です。また、平均就学年数でも最高位人間開発諸国平均では12.3年であるのに対して低位人間開発国平均では4.9年です。サハラ以南アフリカ平均では6.0年です。要するに、病院に行けない、医者に診てもらえない、学校に行けない、文字が書けない、計算ができない人たちの存在を示す数字なのです。

このような様々な格差や差別が国際社会には歴然として存在しているわけです。UHCは国際社会が取り組む平等な医療アクセスへの行動です。2023年の広島サミット保健相共同宣言にも達成に向けた行動計画の合意をみました。また、特定の人びとだけの学校教育ではない基本的人権としての基礎教育の必要性が、1990年のEFA会議で採択されたEFA宣言でした。ともにBHNsとして、あるいは「人間の安全保障」の一環としての取り組みなのです。

EFA宣言の取り組みへの不十分な達成度から2000年には「ダカール行動枠組み」が採択されました。現在は、SDGsの目標4に引き継がれ、前節でみたように「持続可能な開発のための教育（ESD)」として図7-4のような構図の中で多様な方面との連携を図っています。

私たちはインクルーシブ教育という多様な社会に対応可能な教育のあり方を改めて考え直す必要性に迫られています。第7章までに至る各章で考えてきた様々な諸問題とも関わってくるからです。例えば、アフガニスタンにおけるタリバン政権の復活でガニ政権が崩壊し、多くのアフガニスタン人が世界各地に逃れました。難民認定に厳しいといわれる日本ですが、政府は、2022年8月に一挙に98名のアフガニスタン人を難民として認定しました（「第2章のまとめ」を参照)。

また、依然としてロシアのウクライナ侵攻が続き、一定数のウクライナ人が避難民として日本に来ています。ミャンマーの軍事政権も依然として強硬な政策を敷き、同国からの日本への難民申請も増えています。これらの国際情勢に基づき、当然ながら日本社会における社会統合の問題が喫緊の課題になっています。より具体的にいえば、これらの難民や避難民に対する医療に関する社会サービスをいかに提供するのか、子どもたちへの教育をどのように保障するのか。BHNsとしての基本的人権を日本はどのように進めていくのかが問われています。

このような状況下でインクルーシブ教育の方向性は今後のあるべき日本

の医療や教育の姿に一定の方向性を与えることになります。改めて「あらゆる年齢のすべての人々の健康的な生活を確保し、福祉を促進する」ことと、「包摂的かつ公正な質の高い教育」の提供が求められています。

【新しい研究課題の設定に向けて 7】

本章では BHNs として人類共通の基本的人権について学びました。BHNs は図 7-4 に示したように私たちの日常生活に関わる様々な問題と必然的に関係し、それゆえに連携が必要です。SDGs はそれらの連携をわかりやすく目標にしたものです。ただ問題は SDGs の実質的達成度をどのように高めるかです。換言すれば、どのような主体（アクター）がどのような連携を行い、実質的達成度を高めることができるかです。皆さんでぜひ具体的な方法を考えてみてください。

第8章
今後の世界平和は誰がつくるのか

1 世界平和を考えるうえでの私たちの問題意識

本書の最終章で、誰が、あるいはどのような主体（アクター）が国際的な平和の枠組みをつくるのかについて考えてみます。第1章で武力紛争の原因を考え、第2章で紛争の再発防止をいかに構築するのかを扱いました。そこで、本章ではむしろ武力紛争を回避する、予防のための枠組みを考え、世界平和の創造を具体化するアクターやその取り組みについて考えてみます。

国際政治を学習すると必ず出会う大きな2つの理論があります。1つがリアリズム（現実主義）で、もう1つがリベラリズム（自由主義）です。これら2つの理論で国際政治が動いているといっても過言ではないでしょう。国際政治学という学問は、人類が二度までも世界大戦を経験したことによる反省で生まれました。第一次世界大戦では約2000万人が、第二次世界大戦では約6000万人から8000万人が犠牲になったといわれています。そこで、二度とこのような犠牲者を生まないための学問が求められたのです。

したがって、リアリズムもリベラリズムもともに戦争を再び引き起こすことがないように考えられた理論です。まず、リアリズムの基本な考え方は世界が無秩序（アナーキー）であるという前提です。それゆえ、それぞれの国家（政府）は自国民を守ることが義務になり、国家安全保障を根拠に、軍事力を前提とした伝統的な安全保障観を持ちます。つまり、自国の軍事力を強化する一方で、同盟関係を結ぶなどして国家利益を堅持することが目的となります。

それに対して、リベラリズムの平和観は異なります。リベラリズムは大きく政治的側面と経済的側面の2つからなっています。いずれも対立や紛争は様々なアクター間の協調によって解決可能であるという立場です。政治的には国連などの国際機関、様々な規約、条約や協定を制度（レジーム）として捉えることで無秩序な状況を回避できると考えます。例えば、第4章で扱った環境問題では、京都議定書、パリ協定、気候変動に関する政府間パネル（IPCC）、国連環境計画（UNEP）、NGOなどの様々な条約やアクターが環境レジームを形成して地球温暖化の回避へ向けた取り組みをしています。

政治的リベラリズムには民主的平和論という考え方も含まれます。民主的に統治された国どうしの戦争は滅多に起きない。民主主義国家は「紛争の平和的解決」を規範に掲げて、対外政策や対外行動を決して武力の形ではとらないという考え方です。また、経済的リベラリズムは、市場メカニズムを信頼していることです。市場を通じた競争は決して武力には依存しなく、国際貿易を拡大することで各国は貿易によって富の拡大を実感する。その結果、決して武力によって領土や資源を収奪することはないという考え方です。リベラリズムは、リアリズムが考えるゼロ・サム（一方の利益が他方の損出になること）ではなく、ウィン・ウィン（両方が得すること）

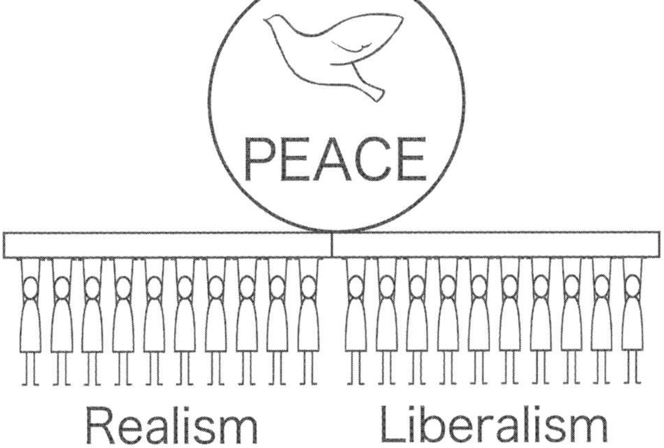

という考え方に依拠しています。

さて、リベラリズムの考え方をさらに発展させたのがコンストラクティビズム（社会構成主義）です。国際関係の現実を主観的世界として捉えていることが特徴です。様々な政策決定ではむしろ理念や信条、認識、規範などの観念的なアイディアに着目する必要があるという考え方です。例えば、第２章第５節で扱った対人地雷禁止条約が成立した背景です。対人地雷は本来武器として国家の専権事項でしたが、実際は紛争が終わった後でも多くの民間人が犠牲になる「基本的人権の侵害」としてのアイディアを発案しました。この間主観的な理念（それぞれの見方）がアメリカの退役軍人協会、カナダ政府など、様々なアクターに共有されたことで条約として成立することになったわけです。

これらの国際政治や国際関係の考え方を踏まえて、第２節ではどのように第三次世界大戦を防ぐのか、つまり核戦争の回避に向けてどのような取り組みがなされているのかを考えてみます。第３節ではリアリズムとリベラリズムが交錯する核問題への取り組みとして、多国間協議を通じた核不拡散条約（NPT）の動向を扱います。第４節では逆に国際NGOが主導するコンストラクティビズム的な取り組みである核兵器禁止条約の動きを追ってみます。第５節では、リベラリズムの考えを踏まえた地域的な連携、特にアジアで拡大している経済的枠組みを確認し、経済協力を通じた協調と対立の関係を考えてみます。最後にまとめとして国際協調主義の必要性について論じます。

2 第三次世界大戦（核戦争）をいかに防ぐのか

第三次世界大戦が起きるとしたら、いうまでもなく核戦争に直結することは想像に難くないです。また、核戦争が起きれば地球は事実上様々な観点から破壊され、私たち人類の存在はなくなるかもしれません。まるでサイエンス・フィクション（SF）のような話ですが、まったくの架空の話ではありません。皆さんも知っているように、ロシアのプーチン大統領はウクライナ侵攻において欧米の直接的な関与があれば「核兵器」の使用を辞さないと脅しにも近い発言をしています。他方で、アメリカのバイデン大統領はウクライナへの武器支援はするが、直接ロシア国内への攻撃は否定し、核戦争への回避を訴えています。

東アジア地域でも「台湾有事」がまことしやかに議論されています。中国では台湾問題は核心的利益（国家利益）の１つとして「１つの中国論」に関する国際社会からの干渉を拒否しています。日本やアメリカ、台湾自体も現状維持を中国に求め、決して武力による併合を望まないことを様々な国際会議の場で発信しています。したがって、「台湾有事」とは中国による台湾の武力併合を意味しています。いうまでもなく、ロシアのウクライナ侵攻が同問題への危機感に拍車をかけています。

中国は2010年に国内総生産（GDP）で日本を抜き、アメリカに次ぐ世界第２位の経済大国になりました。2001年の世界貿易機関（WTO）への加盟によっていっきに豊富な資源を背景に貿易が活発になり、2004年には日本を抜いてアメリカの最大の貿易相手国になっています。いまや「世界の工場」として第二次産業を中心に経済発展を続けています。

もちろん、高度経済成長の負の部分も多くあります。所得格差の拡大、都市と農村の経済格差の拡大、環境汚染の問題などが深刻化しています。例えば、2011年末には都市人口が51.3％まで膨れ上がる一方で、農村から流出した出稼ぎ労働者（農民工）が都市戸籍を得られないという問題、北京を中心にスモッグで覆われる高濃度のPM2.5汚染の問題、上述の台湾問題のほかにもチベットや新疆ウイグル自治区での少数民族に対する人権問題などを抱えています。

このような14億人を擁する巨大な中国の存在は当然ながら日本を含む

近隣諸国だけではなく、覇権（力を背景にする支配力）を競うアメリカにとっても大きなライバルであることはいうまでもありません。2012 年に共産党総書記、翌年 13 年に国家主席に就いた習近平は、中華民族の偉大な復興を掲げ、かつての人民解放軍を革命軍から近代的な国防軍へと変え、「社会主義現代化強国」を掲げています。東南アジア諸国とは南シナ海（スプラトリー諸島）の領有権をめぐり、日本とも尖閣諸島をめぐって対立しています。

習近平国家主席は、陸上ルートの「シルクロード経済ベルト」地帯と「21 世紀海上シルクロード」からなる巨大経済圏構想「一帯一路」政策を推進しています。まさに世界全体を覆う経済援助構想であると同時に、対外開放政策の一環として捉えることも可能です。海洋強国、宇宙強国などを掲げ、アジアインフラ投資銀行（AIIB）を設立するなど独自の援助政策も展開しています。ただその一方で、巨大な債務を抱えた途上国は「債務の罠《わな》」と呼ばれる債務不履行（借入金の返還ができない）状態に陥り、政治社会の不安定化を引き起こしています。2022 年にはスリランカの債務不履行問題がメディアで扱われました。

巨大化する中国の経済力や軍事力に当然ながらアメリカは多くの懸念を抱いています。例えば経済の分野では、トランプ前大統領時代に「自国第一主義」の立場からも、アメリカ経済を保護する観点からも、中国との貿易摩擦が激化しました。中国からの輸入を抑える関税措置も実施され、中国も報復措置をとりました。バイデン大統領になってからもこの政策は基本的に継続しています。もちろん、経済のみならず軍事力の側面における覇権争いも続いています。

世界の武器ビジネスに関しては、第 1 章第 5 節で学習しました。「課題研究 1-4」では、世界の兵器製造および軍事関連企業を記載してもらいました。実は第 5 位まではすべてアメリカの企業でした。しかし、7 位から 9 位、12 位は中国企業なのです（2020 年）。これら軍事関連企業は軍産複

図 8-1　防衛費の上位 7 カ国と各国の GDP に占める防衛費の割合

出所：『世界国勢図会 2022/23』（イギリス国際戦略研究所「Military Balance 2022」より作成）

合体（軍部と産業界の協力関係が強く、この権益追求が政治システムに影響力を持つこと）を背景に自国のみならず他国の軍事力へ影響を及ぼしています。

図 8-1 をみると、世界の防衛費総額におけるアメリカの割合が極めて高いことが理解できます。国内 GDP に占める割合も GDP 総額の大きさから考えても多額であることはいうまでもありません。ちなみに、防衛費の世界総額（2021 年）ですが、出所資料によりますと 1 兆 9057 億 2300 万ドルで、アメリカの防衛費総額は、7540 億 1900 万ドル、2 位の中国は 2073 億 4000 万ドルです。ウクライナ侵攻を行った 8 位のロシアでは 458 億 200 万ドル、日本は 7 位で 492 億 5400 万ドルになっています。

それではさらに 1 人当たりの防衛費、つまり皆さん自身がどの程度の防衛費を負担しているのかです。これも上記資料（2021 年）を使って**表 8-1** で確認してみましょう。出所は図 8-1 と同じですが、1 人当たりの防衛費をみてもアメリカが高額です。インドや中国が防衛費総額では高順位であるものの、人口が多い分当然ながら 1 人当たりでは少額になります。

表 8-1　各国の１人当たりの防衛費（ドル）

国名	１人当たりの防衛費	国名	１人当たりの防衛費
アメリカ	2,251	ドイツ	701
中国	148	日本	395
イギリス	1,084	サウジアラビア	1,342
インド	49	韓国	902
フランス	872	ロシア	322

出所：『世界国勢図会 2022/23』（イギリス国際戦略研究所「Military Balance 2022」より作成）

【課題研究 8-1】

図 8-1 と表 8-1 から、アメリカの防衛費が巨額な理由はなぜかを考えてみましょう。次に、国家間の戦争を抱えている国がやはり高額な防衛費を投じている一方で、国内紛争を抱えている国の防衛費はそれほど高額ではありません。その理由はなぜですか。最後に、日本は国内 GDP に占める防衛費は 1% ですが、2027 年度までに 2% への増額が示されています。そもそも「防衛」とは何かを考える良い機会だと思いますが、皆さんで議論してみてください。

3　多国間協議を通じた核不拡散条約（NPT）とは何か

2022 年 8 月に国連本部で核不拡散条約（NPT）の再検討会議が 4 週間にわたって開催されました。しかしながら、4 週間の議論の末、虚しくも最終文書が核保有国の 1 カ国であるロシアの反対で採択されず決裂しました。皆さんの中にも新聞等に掲載された「決裂」に関する記事を記憶している人も多いのではないでしょうか。唯一の被爆国日本は NPT 締約国として、首相が核保有国と非核保有国の橋渡し役を掲げて会議の初日に、今

表 8-2　世界の核弾頭保有状況（2022 年）

国名	保有数（推定概数）	核実験実施年（初年）
ロシア	5,977	1949
アメリカ合衆国	5,428	1945
中国	350	1964
フランス	290	1960
イギリス	225	1952
パキスタン	165	1998
インド	160	1974
イスラエル	90	N/A
北朝鮮	20	2006
世界の総計	12,705	—

N/A はデータがない。
出所：『世界国勢図会 2022/23』（アメリカ合衆国科学者連盟の資料より作成）

回初めて演説を行いました。

それでは NPT の説明から本節を始めましょう。NPT とは「Treaty on the Non-Proliferation of Nuclear Weapons」の略ですが、「核兵器の不拡散に関する条約」あるいは、「核（兵器）不拡散条約」と呼ばれています。1968 年に署名され、70 年に発効し、加盟国は 191 カ国・地域（2022 年 8 月現在）です。特徴は、5 カ国の核保有国とそれ以外の非核保有国からなっていることです。しかし、核兵器を保有しているはずのイスラエル、インド、パキスタンは NPT 非加盟国の核保有国であり、北朝鮮は NPT から脱退を宣言しています。

表 8-2 はアメリカ合衆国科学者連盟の資料（『世界国勢図会 2022/23』）です。少し同資料に説明を加えると、実戦配備核弾頭で即時発射可能な状態にあるのはロシア、アメリカ、イギリス、フランスが有する 2000 発であるようです。具体的には、戦略核兵器として大陸間弾道ミサイル（ICBM）や戦略爆撃機、潜水艦発射弾道ミサイル（SLBM）に核弾頭が搭

載された核兵器です。戦略核より射程距離が短く、通常兵器の延長で使用される目的の戦術核兵器もあります。なお、プーチン大統領がウクライナ攻撃で使用をほのめかすのも戦術核兵器になります。核保有数は機密性が高いので推定数も含みます。核弾頭保有数には解体処分待ちの核も含まれています。

NPTの柱には3つあります。第1に核軍縮、第2に核不拡散、第3に原子力の平和利用です。それぞれの柱に応じて条約では規定されています。核軍縮に関しては第6条で、締約国に核軍備競争の早期停止や厳重で効果的な国際管理下での全面的で完全な軍備縮小が求められています。核不拡散では、第9条3項で「核兵器国」とは、1967年1月1日以前に核爆発装置を製造し、かつ爆発させた国（5核保有国）として限定し、それ以外の国は非核保有国として区分しています。最後の原子力の平和利用に関しては、第4条1項で核兵器国の義務や非核兵器国の義務を前提に平和的目的のための原子力研究や生産および利用を発展させる権利を保障しています。

本節冒頭で述べたように、2022年にNPT再検討会議が開催されていますが、本来は5年に1度の開催なので2020年に開催予定でしたが新型コロナウイルス感染症問題で結局2年間延期になったためです。第8条3項に本条約の効力発生5年後にジュネーブで締約国会議、その後も5年ごとに条約の運用を検討する再検討会議の開催が規定されています。

今回の最終文書の採択が決裂したことを述べましたが、実は前回の2015年の再検討会議でも中東の非核地帯構想をめぐって交渉が決裂して最終文書が採択されませんでした。したがって、2回連続で最終文書が採択されないというNPTの信頼性が揺らぐ結果になったわけです。2022年再検討会議最終文書の採択決裂の理由は、ロシアがウクライナに関する記述に反対したことでした。具体的には、ウクライナ南部のロシア軍が占拠するザポリージャ原発周辺に関する重大な懸念の表明や、ウクライナが核放棄をする代わりに同国の安全をアメリカ・イギリス・ロシアが約束した1994年の「ブダペスト覚書」に反するロシアのクリミア併合や今回の侵攻に関する記述でした。

元アメリカ合衆国大統領バラク・オバマは2009年にチェコの首都プラハで「核なき世界」に向けた核廃絶を目標とする演説をしました。それが評価されて同年のノーベル平和賞も受賞しました。オバマ大統領は「核兵器を使用した唯一の核保有国の道義的責任」として、核廃絶の決意を「世界は変わることはできない、とささやく声は無視せよ」、私たちは「Yes we can」と主張しなければならないと訴え、2016年5月に現職大統領として初めて広島を訪問しています。

本節の最後に2023年5月に開催されたG7広島サミットに触れておきます。開催国議長として、また広島選出の国会議員である岸田文雄首相はサミット閉会後の記者会見で、「核兵器のない世界」こそが開催議長国日本の使命であったと述べました。確かにG7首脳やサミット招待国の首脳らが広島平和記念資料館を訪問し、被爆者の被爆体験などを聞くことで核兵器の悲劇を少なからず理解したのではないでしょうか。もちろん、日本は依然として核抑止力への依存を続けている現実と向き合う必要があります。

【課題研究 8-2】

表8-2をみてわかるように、アメリカとロシアで世界の9割の核兵器を保有しています。しかしながら、NPT再検討会議は2回連続して最終文書の採択には至っていません。むしろ核兵器使用への危機が高まる一方で、多国間協議としてのNPT会議への信頼が揺らいでいます。皆さんはNPT（核保有国と非核保有国で成り立つ）会議をどのように評価しますか。

4 NGO（非政府組織）主導の核兵器禁止条約とは何か

多国間協議に基づくNPT会議とは別に国際NGOも自らの主導で「核なき世界」を目指しています。それが核兵器禁止条約（核禁条約、TPNW）になります。NPTも核禁条約も核兵器が非人道的な武器であるという共通の認識はありますが、しかしその一方で両者が目指すアプローチは異なります。NPTは第1節で紹介した多国間協議に基づく合意を重視している点で政治的リベラリズムのアプローチに基づきますが、核抑止を基本とする点ではリアリズムの視点も有しています。一方で、核禁条約は国際NGO「核兵器廃絶国際キャンペーン（ICAN）」を中心に様々なアクター間で核兵器の非人道性に関する理念を共有して成立させた条約ですから、コンストラクティビズム（社会構成主義）のアプローチとして考えられます。

国際NGOは国家の専権事項として長く関与できなかった兵器の問題を人権侵害という理念を様々なアクター間で共有することで、いくつかの兵器の禁止条約を成立させてきました。本書第2章第5節で触れた1997年の対人地雷禁止条約や2008年のクラスター爆弾禁止条約です。ICANは同様なアプローチで「人間の健康を破壊し、社会や環境に甚大な被害をもたらす」という人道的な観点から国際世論を動かしたのです。2017年7月に国連加盟国中、122カ国・地域の賛成により採択され、2020年10月の中米ホンジュラスの批准手続きをもって、条約発効に必要な50カ国に達しました。

2017年12月のオスロでのノーベル平和賞受賞式典で、ベアトリス・フィンICAN事務局長とカナダ在住の被爆者サーロー節子さんが講演をしました。被爆者の体験談は核兵器がいかに非人道的で残虐な武器であるかを語り、「核兵器は必要悪ではなく、絶対悪」であり「私たちの光は核禁止条約」であることを訴えたのです。このようなICANや被爆者の訴えがオーストリア政府をはじめ他国政府や市民社会組織を動かしていき、核禁条約を実現させました。

さて、核兵器禁止条約（TPNW）第1回締約国会議が2022年6月21日から23日までオーストリアのウィーンで開催されました。今回の会議で「核兵器のない世界へのコミットメントに関する宣言（ウィーン宣言）」と「ウィーン行動計画」が出されました。TPNWを実質的な条約としていくための合意文書となった「ウィーン行動計画」の採択は重要であったことはいうまでもありません。

ICANのウェブサイトから「ウィーン宣言」と「ウィーン行動計画」に関する重要な点を拾ってみます。まず「ウィーン宣言」では、締約国が核兵器使用の脅威に対する警戒と懸念を表明すると同時に、あらゆる核の脅威を非難しています。核の脅威を踏まえ、TPNWがこれまで以上に必要とされていることを確認し、この条約の人道的な根拠が制定の動機となり、現在の推進力になっていることを訴えています。また、NPTを含む国際的な軍縮・不拡散体制との補完性を再確認し、これらを引き続き支持し、地球上から核兵器が完全に廃絶されるまで休むことなく「核兵器のない世界」を推進すると宣言しています。

他方、「ウィーン行動計画」では、50項目の行動計画が掲げられています。第1に普遍化（TPNWの第12条）に基づき1～14の行動計画が示されています。例えば、行動3では未加盟国との外交的な接触を実施する、行動6ではこの取り組みを担当する政府代表を60日以内に任命する、行動8～9では国連の声明でTPNWの重要性を強調し、国連総会決議において条約を支持する参加国を増やす、行動13ではICANを含むすべての関連パートナーとの調整を行う、としています。

第2の核兵器廃絶に向けた措置（第4条）では15～18の行動計画が掲げられています。核保有国がTPNWに参加する場合、核兵器廃絶の期限を10年とし、ホスト国が条約に参加する場合には90日間で除去する合意がなされました。行動15では、核軍縮の検証機関について、さらなる議論を行うことで合意しました。

第3に条約の第6条と第7条の被害者支援、環境の修復、国際的な協力および援助に関しては行動計画19～32に対応しています。具体的には、行動19および24ですべての段階における関係するコミュニティとの緊密な協議、市民社会および国連システムへの関与、行動21および22でこれら業務を担当する政府代表を3カ月以内に任命し、また実施するための国内法を採択する。行動25および28で移動性、包摂性および非差別の原則を確保し、行動29でこれらを実質化させるための国際信託基金の設立を検討すると述べています。

また、核兵器の使用や実験に影響を受けていると考える国に関しては、行動30で第2回会合までに自国における核兵器使用の影響の検討を開始し、行動31で次回会合までに影響を受けた人びとの支援と環境の修復を開始する国家計画の策定を求めています。行動32では、他の国も核兵器

影響国に財政的技術的支援を行うことが合意されました。

第4に、行動39～42で条約の実施における利害関係者の包摂性と協力の原則がうたわれ、行動40で国連、赤十字国際委員会、ICAN、学界、被影響地域、その他の市民社会組織が緊密に協力を行う、行動41で関連する利害関係者の積極的な参加を促し、影響を受ける地域社会や先住民の多様なニーズを考慮し、すべての締約国による強力な主体性を確保するとされました。

第5に、行動47～50はTPNWのジェンダー条項に対応します。ウィーン行動計画では各国がジェンダー平等への関与を行動に移すため、まず行動48では男女共同参画担当官を任命し、行動49および50では核兵器の使用や実験で被害を受けた人びとの年齢や性別に配慮した援助の確保に関するガイドラインを作成する、また国際協力や援助にジェンダー視点を取り込むことを訴えています。

第6に、条約実施に向けた会期中体制の確立に関する決定と、条約の実施支援の追加的側面に関する行動として43～45が記載されています。

第7に、条約の効果的な実施に向けた科学的・技術的助言の制度化（科学的諮問グループの設立）およびTPNWの効果的な実施に向けた科学的・技術的助言の制度化に関する行動33および34が決定されています。諮問委員会は最大15人のメンバーから構成され、ジェンダーバランスや地理的分布の必要性が述べられています。

第8に、TPNWが豊富で多様な軍縮・不拡散体制を構築し、それに貢献、補完することに合意し、これを強調するための道筋が合意されました。行動36はTPNWとNPTとの間の協力関係を明確にするための非公式調整役を任命し、行動37で原子力の平和利用のための国際原子力機関（IAEA）や核保有国・非核保有国を問わず、あらゆる核実験を禁止する包括的核実験禁止条約（CTBT）の検証制度を構築し、条約の署名や批准を促進する役割も担う包括的核実験禁止機関準備委員会（CTBTO）のよう

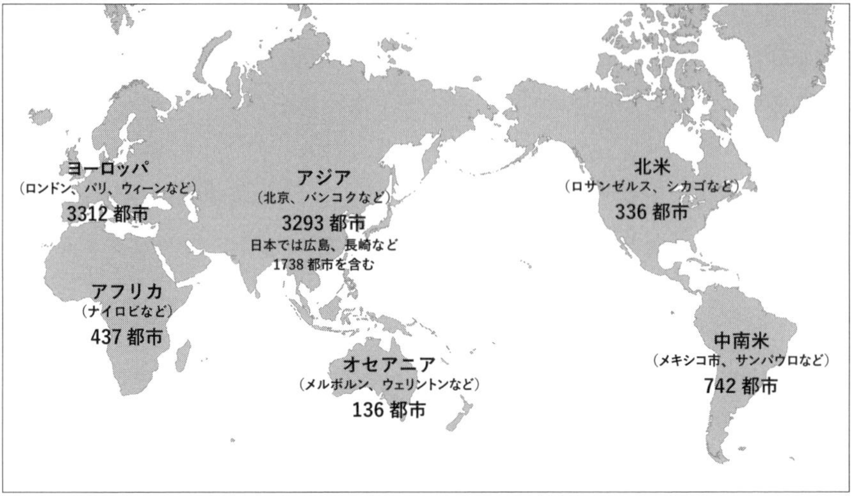

図 8-2　平和首長会議参加国（2023 年 5 月 1 日現在 8256 都市）
出所：平和首長会議事務局の提供図をもとに作成

な他国際機関との協力と強化をうたっています。

少し説明が長くなりましたが、国際 NGO 主導で行われた核兵器禁止条約第 1 回目の締約国会議の意義が理解できたでしょうか。なお、日本は同条約への批准はもちろん署名もしていません。今回の締約国会議には広島市長や長崎市長も参加しています。また、ドイツやノルウェーという北大西洋条約機構（NATO）の加盟国を含む 34 カ国がオブザーバーとして会議に参加しています。日本はアメリカの「核の傘」を安全保障政策の柱に据えていることからオブザーバー参加も見送りました。2023 年の広島サミットでも結局「核兵器のない世界」は理想的世界として、追い求める目標に位置づけています。

ICAN のフィン事務局長は「これだけ多くの国の代表が集まり、核の脅威や核抑止政策を批判したことは、不確実な世界において極めて重要だ」（NHK NEWS WEB）と述べ、被爆者は「条約は被爆者の願いそのものです」と、会議の意義を強調しました。

【課題研究 8-3】

皆さんは、平和首長会議を知っていますか。2023 年 5 月 1 日現在 8256 都市（うち国内 1738 都市）が加盟しています（**図 8-2**）。会長都市は広島市、副会長都市には長崎市も名を連ねています。1945 年 8 月に広島と長崎の両市に原子爆弾が投下され、両市で 21 万人を超える多くの犠牲者が出たことを教訓に「世界平和連帯都市市長会議」（2013 年 8 月 6 日から「平和首長会議」に名称変更）が設立されました。人びとが日常生活を送る地域を起点に「核なき世界」を目指し、核兵器禁止条約を強く支持しています。まず「平和首長会議」について調べてみましょう。次に皆さんはどのように「平和首長会議」を評価しますか。

5　経済の相互依存と地域協力機構の構築で紛争の回避は可能か

本章の冒頭で経済的リベラリズムの説明をしましたが、それは通商・貿易を通じて国家は相互依存を深め、その結果対立関係が生じても紛争という手段よりも外交的手法での解決を志向するという考え方です。

例えば、日本と中国との政治的関係が悪化したときに、経済的な相互依存は継続したことで「政冷経熱」という言葉が使われたこともあります。米中関係においても、安全保障における政治的な対立は厳しいものの、経済の相互依存を背景にすべての領域において関係が遮断されているわけではありません。ロシアのウクライナ侵攻にともなう経済制裁で、ロシアからのエネルギー供給が滞り、EU 諸国はもちろん日本にも影響を及ぼし、またロシアやウクライナ産の小麦が手に入らない、ウクライナからの輸出ができないことで物価高騰にもつながっています。このように、もはや世界の経済のグローバル化は止めようがないぐらいに相互依存が進んでいることが日々の生活で理解できます。

表 8-3 の 4 カ国の輸出入相手先をみれば、政治的な対立関係にある国同士がいかに経済的な相互依存関係にあるかが一目瞭然です。ただその一方で、すでに述べたように米中貿易摩擦は「米中貿易戦争」などともいわれ、両国の関税引き上げ合戦で自由貿易が阻害されています。最近では日本においても、国民生活における重要な製品が確保されているのか、先端技術が海外に流出していないのか、他国の技術に依存し過ぎてはいないのかなどの経済安全保障の考え方が導入されています。

とはいえ、やはりすでに相互依存が深化している経済関係を簡単には解消できないし、どのような政権であっても経済状況にその支持が左右されることはいうまでもありません。さて、米中に代表されるような貿易摩擦とは別に国際社会では経済発展を拡大させるような様々な経済関係の枠組みづくりが進んでいます。皆さんが知っているような経済協力のみならず、政治・安全保障の枠組みもたくさんあります。とりあえず、ASEAN（東南アジア諸国連合）が関わる主要な枠組みを参考にして、日本がどのような地域的枠組みに参加しているのかを確かめてみます。

皆さんは**図 8-3** の様々な経済的および地域的枠組みの中でいくつの枠組みの名前を聞いたことがありますか。図の中心となる ASEAN は現在 10 カ国ですが、近々東ティモールが加盟し 11 カ国になるはずです。「ASEAN ＋ 3」は ASEAN に日中韓が加わり、RCEP（地域的な包括的経済連携）は ASEAN10 カ国に日本、中国、韓国、オーストラリア、ニュージーランドの 15 カ国で構成されています。地域の貿易や投資の促進およびサプライチェーンの効率化に向けた経済的枠組みで、最後にマレーシアが署名して 2022 年 3 月 18 日に協定が発効しています。なんと RCEP 交渉の立ち上げから 10 年を要したことになります。

表 8-3　日本・中国・アメリカ合衆国・ロシアの相手先別貿易（2020 年）

国名	貿易相手先	輸出割合（%）	貿易相手先	輸入割合（%）
日本	中国	22.0	中国	26.0
	アメリカ	18.5	アメリカ	11.4
	韓国	7.0	オーストラリア	5.6
	(台湾)	6.9	(台湾)	4.2
	(香港)	5.0	韓国	4.2
	EU	9.2	EU	11.4
中国	アメリカ	17.4	(台湾)	9.8
	(香港)	10.6	日本	8.5
	日本	5.5	韓国	8.4
	ベトナム	4.4	アメリカ	6.6
	韓国	4.4	オーストラリア	5.6
	ドイツ	3.3	ドイツ	5.1
	EU	15.1	EU	12.6
アメリカ合衆国	カナダ	17.8	中国	18.6
	メキシコ	14.9	メキシコ	13.9
	中国	8.7	カナダ	11.6
	日本	4.5	日本	5.1
	イギリス	4.1	ドイツ	4.9
	ドイツ	4.0	ベトナム	3.4
	韓国	3.6	韓国	3.3
	EU	16.3	EU	17.8
ロシア	中国	14.7	中国	23.7
	オランダ	7.5	ドイツ	10.1
	イギリス	6.8	アメリカ	5.7
	ドイツ	5.5	ベラルーシ	5.4
	ベラルーシ	4.7	イタリア	4.4
	トルコ	4.7	フランス	3.5
	EU	33.7	EU	33.9

EU の輸出入は加盟国全体の割合を示している。
出所：『世界国勢図会 2022/23』（「貿易と国際収支：主要国の相手先別貿易」）

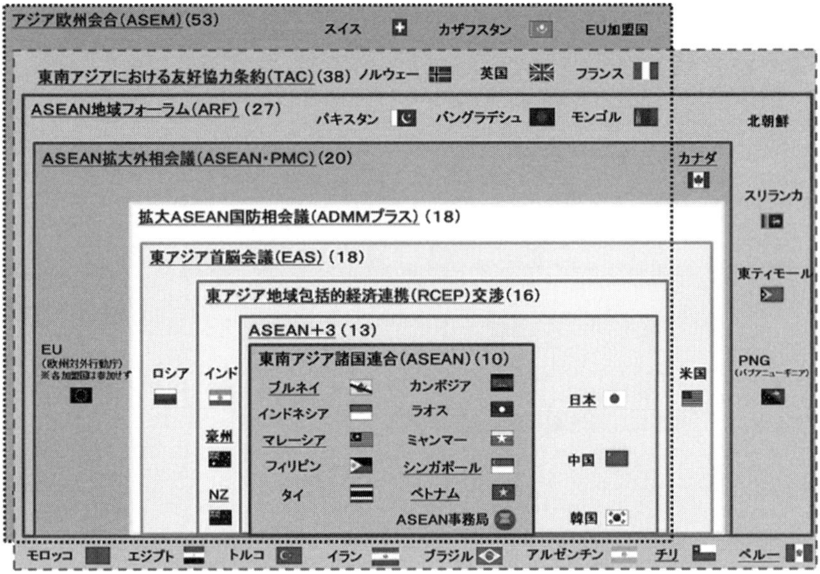

注1：(　) 内は参加している国・地域の数
注2：下線は環太平洋パートナーシップに関する包括的及び先進的な協定（TPP11）参加国（その他の参加国はメキシコ）

図 8-3　ASEAN（東南アジア諸国連合）の主要な枠組み（2019 年）
出所：外務省ウェブサイト

さらに、EAS（東アジア首脳会議）にはASEAN10 カ国に加え、日本、中国、韓国、インド、オーストラリア、ニュージーランド、アメリカ、ロシアの 18 カ国で構成され、地域の問題を話し合います。同様な構成でADMM プラス（拡大 ASEAN 国防会議）があります。ASEAN 拡大外相会議（ASEAN・PMC）にはさらにカナダと EU が参加（20 カ国・地域）しています。アジア地域の紛争予防を話し合う ARF（ASEAN 地域フォーラム）では、ASEAN・PMC に南アジア諸国や北朝鮮を含む 28 カ国が参加しています。ASEAN 加盟の条件にもなっている東南アジアにおける友好協力条約にはヨーロッパ、中東地域や南米地域諸国も参加し 38 カ国が話し合う場になっています。

アジアとヨーロッパ諸国の会議の場としてはASEM（アジア欧州会合）が53カ国で開かれ、2018年12月にはTPP（環太平洋パートナーシップ協定）がアメリカの離脱があったものの8カ国で発効し、ASEANの3カ国も署名しています。経済的枠組みの協定だけを比較してみると、TPP加盟人口は約5.1億人、GDPが約11.2兆ドル、貿易総額（輸出）で約5.5兆ドル（世界銀行2019）あるのに対して、RCEP加盟人口は22.7億人、GDPが25.8兆ドル、貿易総額（輸出）で5.5兆ドルです。RCEPの数字はいずれも2019年では世界全体の3割に該当しています。

TPPはアメリカが離脱した時点で、RCEPよりも特にGDPと貿易総額で劣りますが、中国が2021年9月にTPPへの加盟を申請しています。また、バイデン・アメリカ大統領は「インド太平洋経済枠組み（IPEF）」を新たな経済的枠組みとして打ち出し、2022年7月現在14カ国が参加を表明しています。14カ国のGDPは約39兆ドルといわれています。中国の「一帯一路」構想に対抗する政治的思惑もあるようです。ただ、参加国のインドなどは必ずしもアメリカの思惑を共有しているとは限らないようです。

【課題研究8-4】

さて、本節では経済や政治安全保障の観点から設立されている地域的枠組みを考えてみました。その目的はたとえ政治的思惑が背景にあっても多国間の協調、協力が紛争回避への足掛かりになると思われるからです。平和研究の考え方に「信頼醸成措置」があります。要するに、絶えず情報交換の場があることが誤解に基づくことなく紛争の回避を可能にするからです。究極的には核戦争の回避こそが最大のテーマになりますが、このような多国間組織の課題と今後の可能性を考えてみてください。

第８章のまとめ

国際協調主義を復活させるために必要なことは何かを考えてみましょう！

新聞報道（『朝日新聞』2022年10月8日）によると、ロシアのプーチン大統領がウクライナとの戦況を踏まえて核の脅しを強めていることに対して、「キューバ危機以来の核兵器の脅威」「戦術核兵器を安易に使ってハルマゲドン（世界最終戦争）にならずに済むとは思えない」とバイデン・アメリカ大統領が発言し、危機感を募らせていると報告しています。

キューバ危機とは1962年10月に当時のアメリカ合衆国とソビエト連邦の間で勃発した国際危機です。ソ連がキューバに中距離弾道ミサイルの配備を計画し、アメリカが対抗してキューバの海上封鎖を断行し、キューバに核弾頭や戦術核兵器を配備していたソ連との核戦争の勃発の可能性を一気に高めた事件です。子どもながら私も第三次世界大戦、いわんや核戦争が始まるのかと思いました。もっといえば、広島や長崎の原子爆弾の数千倍の核戦争が始まるのかと、子どもながらも恐怖を感じたのを覚えています。

結果的には、ケネディ・アメリカ大統領とフルシチョフ・ソ連首相の話し合いで、キューバへのミサイル配置は中止され、アメリカもキューバ侵攻を放棄し、トルコへの中距離弾道ミサイルの配備を撤去することなどで核戦争の危機は免れました。その後両国の間にはホットラインが設置され、情報の過誤に基づく紛争の回避のあり方を学ぶ契機になりました。

しかしながら、バイデン大統領の発言は決して軽いものではありません。今回のロシアのウクライナ侵攻は、西欧諸国のウクライナ軍事支援を背景に、プーチン大統領の選択肢として核戦争が提示され、まさに「ハルマゲドン」の可能性を示唆していることは確かです。本章第２節でみたように、核保有国は限られており、2022年8月のNPT再検討会議の最終文書の決裂は、前回会議の決裂に続くことで国際社会の不安定化がいっそう進んでいることを示しました。

最後に、皆さんは「非核兵器地帯（NWFZ）」の存在を知っていますか。NWFZとは一定の地域や空間において、該当地域における核兵器の製造、実験、配備を禁止し、かつ地域外の核保有国に対しても該当地域内での核実験、配備、使用を禁止しています。国連総会決議3472Bで定義されています。ちなみに、現在あるNWFZには次の条約があります。特定非営利活動法人ピースデポの「世界の非核兵器地帯」に外務省の最新情報を加えて**図8-4**と**表8-4**を作成してみました。

【新しい研究課題の設定に向けて8】

本書の最終章として「今後の世界平和は誰がつくるのか」を考えてもらいました。もちろん「誰が主体的に動くのか」には、様々な回答が考えられます。第1章から第8章まで実に様々なアクターの役割を考えてきました。さあ、皆さんはどのアクターの役割を重視しますか。それともいずれのアクター間の連携が重要になると考えますか。そして最後に、「皆さん個人の役割」とどのように連携しますか。個人の力では何もできない時代は終わりを告げ、SNSなどで容易に世界の人びとはつながることができます。現代の国際社会の不安定化を踏まえると、喫緊の研究課題になるのではないでしょうか。

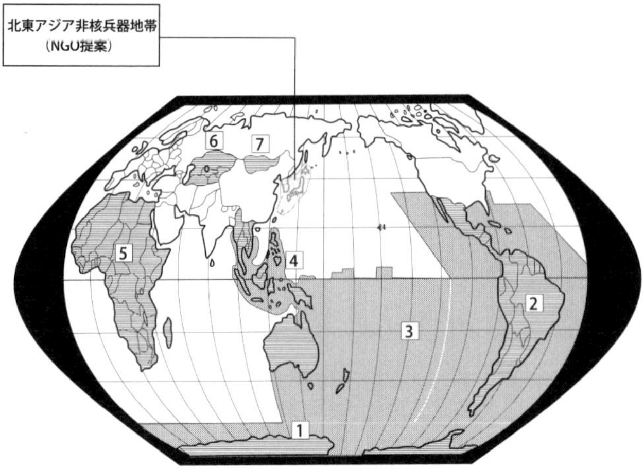

図 8-4　世界の非核兵器地帯（NWFZ）
出所：特定非営利活動法人ピースデポ「世界の非核兵器地帯」

表 8-4　非核兵器条約一覧

1	南極条約	1959.12 署名	南緯 60 度以南の地域におけるすべての核爆発および放射性廃棄物の処分を禁止するもので、42 カ国が署名＝批准。核保有国は 5 カ国すべてが議定書に署名＝批准。
2	ラテンアメリカ核兵器禁止条約（トラテロルコ条約）	1967.2 署名	条約適用範囲内の 33 カ国すべてが署名（うち 32 カ国が批准）。核保有国は 5 カ国すべてが議定書に署名および批准。
3	南太平洋非核地帯条約（ラロトンガ条約）	1985.8 署名	オーストラリア、ニュージーランドや地域の島嶼国でつくる政府間組織「南太平洋フォーラム（SPF）」構成 14 カ国および 2 地域のうち 11 カ国および 2 地域が署名（うち 10 カ国および 2 地域が批准）。核保有国は 5 カ国すべてが議定書に署名。
4	東南アジア非核兵器地帯条約（バンコク条約）	1995.12 署名	東南アジア諸国連盟（ASEAN）の 10 カ国が署名（すべてが批准）。核保有国は 5 カ国すべてが議定書に署名していない。
5	アフリカ非核兵器地帯条約（ペリンダバ条約）	1996.4 署名	アフリカ統一機構（OAU）加盟 53 カ国のうち 49 カ国が署名（うち 2009 年 6 月までに 28 カ国が批准）。核保有国は 5 カ国すべてが議定書に署名。
6	中央アジア非核兵器地帯条約（セメイ条約）	2006.9 署名	中央アジア 5 カ国（カザフスタン、キルギス、タジキスタン、トルクメニスタン、ウズベキスタン）。核保有国は 5 カ国すべてが議定書に署名。
7	モンゴル一国非核の地位	2012.9	5 核兵器国は、モンゴル一国非核の地位を尊重し、これを侵害するいかなる行為にも寄与しない旨の共同宣言に署名。

* 上記の特定地域の非核化を扱う条約以外に、宇宙条約と海底条約もある。

解答のための思考作法

ここからは各章で皆さんに投げかけた課題研究の解答編になります。しかし、事実関係の穴埋め課題は別にしても、それ以外は「解答作成のための思考作法」を目的にしています。その意味で決して模範解答を載せているわけではありません。あくまで思考作法のためのヒントや情報を提起しています。それらを利用して、自ら、あるいはグループ内で「なるほどな」というような解答を作成してみてください。今後皆さんに求められている「課題解決型」の解答方法です。

第1章

【課題研究 1-1】(14 ページ)

武力紛争地	紛争要因／類型	反政府集団／対立国家	発生年	戦死者数（平均数値）
ウクライナ戦争	② **ウクライナの領土をめぐる紛争**	ⓐ **ロシア対ウクライナ**	2022年2月	**軍人14万～16万／民間人死者8006人 米軍推定（2022/11～2023/2）**
ミャンマー紛争	① **政府の正統性をめぐる内戦**	ⓒ **民主派勢力対国軍**	2021年2月	**2007人（民間人） 現地人権団体「政治犯支援協会」報告（2022/6）**

【課題研究 1-2】(18 ページ)

(1) 21世紀も残念ながら紛争は絶えなく、いろいろな武力紛争が起きています。ここでは邦人救済で自衛隊機も飛んだアフリカ北東部のスーダン内戦について取り上げてみます。2023年4月に軍事政権を支えてきた国軍と準軍事組織「即応支援部隊（RSF）」との間で内戦状態に陥っています。スーダンから隣国チャドに1万から2万人が国境を越えて難民化しています（2023年現在も戦闘中）。もともと、RSFは戦争犯罪者としてICCに逮捕されたバシル政権を支えてきたアラブ系民兵組織ジャンジャウィードが母体です。2003年にアフリカ系スーダン人を中心に30万人以上がこの民兵組織に襲撃されて拷問および虐殺されました。ダルフールでの出来事は、紛争ではなく「集団殺害」と認識され、21世紀最悪の人道危機と呼ばれました。今回の内戦に関しても脆弱な立場の人びとへの影響が懸念されています。国連人口基金（UNFPA）は2023年4月20日に、約310万人の女性や少女へのジェンダーに基づく暴力のリスクが増大しているとの懸念を発表しています。

なお、最近のICCによる捜査・訴追の状況が以下の外務省国際法局国際法課「国際刑事裁判所（ICC）」に掲載されていますので確認してください。https://www.mofa.go.jp/mofaj/files/000162093.pdf

(2) 人類は二度の世界大戦を経験しています。第一次世界大戦では1000万人以上が、第二次世界大戦では5000万人以上の民間人も含めた犠牲者が出たと言われています。このような悲劇を二度と起こしてはならないという人類の決意が国際連合憲章前文に読み取れます。「われらの一生のうちに二度まで言語に絶する悲哀を人類に与えた戦争の惨害から将来の世代を救い」と述べ、「基本的人権と人間の尊厳及び価値と男女及び大小各国の同権とに関する信念をあらためて確認」することを冒頭で訴えています。

第1章の「目的及び原則」においても第1条第1項で国際連合の目的を「国際の平和及び安全を維持すること」と確認しています。それでは1946年11月3日に公布された日本国憲法前文ではどうでしょうか。政府の行為によって戦争の惨禍を防ぐうえで国民に主権があることを確認し、「日本国民は、恒久の平和を念願」し、「平和を愛する諸国民の公正と信義に信頼して、われらの安全と生存を保持しようと決意した」ことが述べられています。

世界人権宣言の前文には「人間が言論及び信念の自由並びに恐怖及び欠乏からの自由を享受する世界の到来が、一般の人民の最高の願望として宣明された」とありますが、日本国憲法前文にも「われらは、全世界の国民が、ひとしく恐怖と欠乏から免かれ、平和のうちに生存する権利を有する」と述べています。要するに、国際社会が目指す平和と安全は「恐怖及び欠乏からの自由」が基本であると言えるのではないでしょうか。

【課題研究 1-3】（21 ページ）

確かに本章で紛争や戦争の原因を考えたときに、自らが正統な政府であると主張する民族間の対立が理由となっている場合が多々あります。20 世紀に逆戻りしたかのようなロシアのウクライナ侵攻は、確かにクリミア半島や東部地域などのロシアによる侵攻から「領土」をめぐる戦争と位置づけられてきました。しかしその一方で、上記地域ではウクライナ語の他に、特にロシア語が話されており、民族的にも単純な構成ではありません。本章でも述べてきたようにウクライナも冷戦時代は「ソビエト連邦」に属していたのですから、当然かもしれません。

しかしながら、世界の多くの主権国家を構成する「国民」の民族は圧倒的に「多民族・多言語・多文化・多宗教」で成り立っています。むしろそれらの国々の多くはそれぞれのエスニシティを尊重して多民族国家を維持、形成、さらには発展させています。皆さんはシンガポールという人口 600 万人弱の都市国家を知っていると思います。シンガポールの 1 人当たりの GNI（国民総所得）は、2019 年度ですが 5 万 8187 ドルで、日本の 4 万 1513 ドルよりも高く豊かな国です。そしてこの国の公用語は、マレー語、英語、中国語、タミル語なのです。もちろんこの国の歴史、政治や地理的位置を理解する必要がありますが、確かに豊かな国を形成しています。

そうなると、「多民族国家でも紛争が起きない」ためにはどうするかですね。まずは民族を超えて「国民」が豊かになることでしょうか。次に、「国民」を豊かにするための政府であることです。さて、その次はとなると多少難しくなりますね。本章で触れたようなスコットランドは民主的な手続きで独立を問う住民投票を実施しました。「国民」に主権がある政治体制が望ましいです。ただ、シンガポールが西欧型の民主主義国家であるとはいえません。共通していえるのは法治国家であることで、これは重要であるといえます。

【課題研究 1-4】（24 ページ）

順位	企業名	軍事売上高（100 万ドル）		総売上高に対する割合（%）2020 年
		2019 年	2020 年	
1	ロッキード・マーチン社	53,230	58,210	89
2	レイセオン社	38,421	36,780	65
3	ボーイング社	33,580	32,130	55
4	ノースロップ・グラマン社	29,220	30,420	83
5	ゼネラル・ダイナミクス社	24,500	25,840	68

【課題研究 1-5】（29 ページ）

ルーズベルト大統領は、ナチス・ドイツの侵攻を踏まえて、世界の民主主義を守るうえで、人類には「言論と表現の自由」「信仰の自由」「欠乏からの自由」「恐怖からの自由」の 4 つの自由があると議会に向けて演説をしました。これらは私たちの日本国憲法にも見出せる「自由」ですね。また、日本国憲法の前文にも書かれています。ここでは 2014 年の国連開発計画（UNDP）の『人間開発報告書』で書かれている説明を加えておきます。「欠乏からの自由」とは「飢餓や病気、抑圧などの慢性的な脅威からの脱却」を指し、「恐怖からの自由」とは「家庭、職場、地域社会などの日常の生活様式が突然に破壊されて困らないように保護すること」とまとめています。貧困で苦しむ途上国の「絶対的貧困」（生存するうえで必要最低限の生活水準が不足の状態）だけではなく、先進国でも「相対的貧困」（生存する国や地域の中で、大多数の人びとに比較して貧しい状態）状況で苦しむ人びとが周りにいるはずです。また、戦争や紛争で国境を越えて避難する難民、国内にとどまるも劣悪な状況を強いられる人びともいます。これらの人びとの苦境を解放することが2つの自由ということになるのではないでしょうか。

国際社会は、世界人権宣言で規定された権利に法的な裏付けや拘束力を持たせるために様々な人権保障に関わる条約を採択しています。どのような人権関係の条約があるのかを次のURLから調べてみましょう。

- ヒューライツ大阪（一般財団法人アジア・太平洋人権情報センター）「主要な人権条約」https://www.hurights.or.jp/archives/treaty/un-treaty-list.html

なお、上述のURLに記載されている主要な国際人権条約には外務省等の翻訳も付いていますので、確認してみてください。

【新しい研究課題の設定に向けて 1】（30ページ）

研究課題設定への主要なポイント

①例えば、ロシアのウクライナへのミサイル攻撃で、多くのインフラが破壊されました。戦争終結後のウクライナの復興の困難さを想像してみてください。

②戦争や紛争による破壊は、建物、道路、橋などインフラ施設にとどまりません。人びとの心の問題、心的外傷後ストレス障害（PTSD）などを引き起こします。たとえ学校が再建されても子どもが以前のように学校に通えるとは限りません。

③そもそも武力紛争によって大量の廃棄物が生まれます。私たちは2011年の東日本大震災後の廃棄物処理問題を知っているはずです。紛争後の廃棄物問題は実は大変な環境破壊になります。地球温暖化への取り組みにも逆行するのが紛争です。

④持続可能な開発目標（SDGs）の17のゴールを改めて確認しても、国際社会が進めるべき努力を相殺、それ以上に後退させるのが武力紛争です。ぜひ17の目標を確認してみてください。

第2章

【課題研究2-1】（38ページ）

いくつかの要因が考えられると思います。第1に、紛争地域と隣接しているような国々が多く、したがって国連PKOへの自国軍隊の派遣は自国の安全保障にとっても重要になります。第2に、第9位の中国は別としても多くの国々はPKO分担金に加え、国連分担金の供出も限られています。その点でも国際貢献としての役割を果たせます。中国は、対外政策として国際貢献を積極的に進めており、PKO派遣もその一環として捉えられます。第3に、途上国は国連PKOに自国軍隊を派遣することで、その対価が得られます。自国の軍隊を維持するうえで役立ちます。最後に、逆になぜ分担金の多い国は人員派遣では上位に位置しないのでしょうか。特にアメリカのような大国は国連PKOでは自国の指揮権を得られないし、むしろ有志連合という関係の深い国々と多国籍での軍隊を編成し、国連安全保障理事会の決議を得て、あるいは2003年のイラク攻撃のような決議を得ない形で独自の展開をすることもあります。もちろん、自国だけの展開もあります。日本は言うまでもなく憲法の制約下での判断になります。

【課題研究 2-2】（42 ページ）

元兵士のほとんどが働くための技術や技能を持っていません。そこで私のNGO経験（JICA支援）などでは、元兵士の人たちに日常生活を送るための技術トレーニングに参加してもらったり、それらの技術が発揮できる働き場所を紹介したりしました。例えば、家畜を育てることで収入を得られるようにする、農業や漁業に従事することや露天商に近いですが小さな小売業の開設を支援するなどです。ただやはり最大の問題は、元兵士が安全に社会復帰できるための社会の安定、さらには国際社会の経済援助などによる雇用の創成がなければ、なかなか元兵士の働き場所が得られません。皆さんにはどのようなアイディアがありますか？

【課題研究 2-3】（44 ページ）

順位	難民の出身国	難民数	難民受け入れ国	受け入れ難民数
1	**シリア**	680 万人→	トルコ	380 万人
2	ベネズエラ	460 万人→	コロンビア	180 万人
3	アフガニスタン	270 万人→	**パキスタン**	150 万人
4	南スーダン	240 万人→	ウガンダ	150 万人
5	**ミャンマー**	120 万人	**ドイツ**	130 万人
難民数：2710 万人（UNHCR 支援者 2130 万人＋ UNRWA* 支援対象者 580 万人）				
国内避難民 5320 万人、庇護（越境）希望者 460 万人				

* UNRWA（国連パレスチナ難民救済事業機関）は 1949 年にパレスチナ難民を直接救済する目的で設立された。

表 2-2 は、UNHCR が 2022 年 6 月に出した報告書です。残念ながらその後も紛争が続いています。UNHCR 年次報告書『グローバル・アピール 2023』では、ウクライナ危機によりヨーロッパの難民数は、2022 年中に前年の 2 倍に増加し、IDP の数も 900 万人に達したことが報告されています。また、アフリカ北東部のスーダンでは 2023 年 4 月に国軍と準軍事組織「即応支援部隊（RSF）」の主導権争いで戦闘が始まり、隣国の

チャドへ少なくとも2万人の難民が国境を越え、かつての南スーダン人難民も含めて相当数の避難民が発生していることが報告されています。したがって、表2-2は暫定的な数値ですが、紛争を引き起こす国々の傾向と受け入れ国が隣国であることに変わりはありません。ただ、ロシアのウクライナ侵攻は最近の国内・地域紛争とは違い、むしろ20世紀型の国家間の戦争といえます（第1章参照）。受け入れ国ではドイツの存在が目立ちます。前首相アンゲラ・メルケルの決断とかつて東西に分断されていたドイツの経験があったのでしょうか。

【課題研究2-4】（47ページ）

民主主義にとって法の支配は当然の制度です。私たちは日常生活を送るうえで安全が保障されなければ、何も活動ができません。もちろん私兵などを雇うような制度もなければ、そのような権力もありません。さて近代国家ではこのような不法な行為を裁くための裁判所が存在しますが、発展途上国で、しかも多民族国家では伝統的な司法制度も存在しています。要するに、それぞれのコミュニティ（地域社会）の犯罪（者）に対する裁き方が存在しています。その一つが近代的な司法制度と異なる「真実和解委員会方式」と呼ばれます。方法は各国によって異なりますが、概して地域社会の安定と伝統的な慣習を尊重した裁判方式になります。具体的には、地域の人びとの前で犯罪に至った経緯を自白し、人びとの納得を前提に村落等の指導者が恩赦を与えるような制度です。ただ、犯罪行為が個人的な怨念ではなく政治社会的な背景で強いられたことなども重要になります。しかし、加害者の罪の放免は被害者にとっては簡単に納得できるものではないことは言うまでもありません。

【課題研究2-5】（51ページ）

第一次世界大戦後に国際社会は戦争で悲惨な犠牲者を二度と出すまいと

いう決意で国際連盟を設立しました。国際平和を維持する目的で設立された初めての国際機構でした。しかしながら、設立を唱えたアメリカの不参加など当初から脆弱な組織で結局は第二次世界大戦を止めることはできませんでした。ただ、「平和な社会」実現への理念は、国連憲章や私たちの憲法の前文に書かれてきたことはすでに学習しました。とはいえ、憲法の理念にもかかわらず、現実の国際政治は、北朝鮮からのたび重なる日本海へのミサイル発射実験、さらには大国ロシアのウクライナ侵攻、イスラエルとパレスチナの紛争など、理想とする「平和な社会」から遠ざかっているのが現実です。国益の究極的な目的は「国民を守ること」に尽きます。その結果、安全保障という目的が軍事力に依拠するということにつながると考えられます。しかしながら、本当にそうでしょうか。例えば、日本は「平和国家」として政府開発援助（ODA）を通じて途上国を中心に援助し、当該国の人びとの生活向上に寄与してきました。あるいは皆さんが海外留学をすることは単純に皆さんの語学力を磨くだけでしょうか。それは相手の国の人びとや文化歴史を学ぶことにつながります。これらの社会文化的な要素も日本の「平和な社会」の実現に貢献するのです。第5章の「平和の定着」でも学習しますので、ぜひ「安全保障」とは何かを考えてみてください。

【新しい研究課題の設定に向けて 2】（54 ページ）

「被害者に強いられた劣悪な環境」を考えると、様々な問題によって脆弱な人びとを中心に多くの人が苦しんでいることが想像できるはずです。必死に紛争地から避難し、難民キャンプなどで生活を始めた避難民は、まずは助かったことに安堵しますが、将来に向けては展望を持てません。いわんや子どもたちのトラウマは想像を絶します。子どもたちの PTSD を治療するうえで最初に「好きな絵を描いて」と渡された白い画用紙には、飛行機や戦車からの攻撃の場面、家族や友人が殺害された場面など、まさに自らが直面した恐怖が描かれます。道路や建物の復旧や再建と違って、人びとの心の傷は簡単には修復できないことの実例です。その意味でも地球公共財である「平和な社会」の実現に向けて私たちは何をするべきかを以下のヒントを踏まえてぜひ皆さんで議論してみてください。

①なぜ「法の支配」は必要なのか。

②「機会の平等」と「結果の平等」のバランスをどう考えるか。

③「ボランティア精神」はなぜ必要とされているのか。少し難しいですが、「利己主義」と「利他主義」の違いは何かを調べてみてください。

第3章

【課題研究 3-1】（61 ページ）

IMF 発表の最新（2022 年）の世界 GDP 順位においても、上位 3 カ国は変わりませんが、アメリカが約 25 兆 3500 億ドル、中国が約 19 兆 9115 億ドル、日本は 4 兆 9121 億ドルですから、日本の規模はアメリカの 5 分の 1、中国の 4 分の 1 程度です。さて、3 カ国の上位 1%と上位 10%の傾向は類似しています。ただ、所得の分布に比べ資産の分布ではアメリカと中国の占有率が高いですね。両国の富裕層の資産の割合が日本のそれに比べて大きいことが反映しているようです。中間層 40%を比べるとアメリカと中国では所得と資産の割合が類似し、この層の賃金に比べ資産の割合が少ないことが読み取れます。それに比べ日本は所得と資産が同じ割合を示しています。いま日本社会で問題になっているように、日本の賃金が物価高に比べ他国より低水準であることが反映しているのではないでしょうか。その一方で中間層は消費よりも預貯金を優先する傾向が読み取れます。最後に、下層 50%の傾向ですが、アメリカ社会においては、この層における移民社会の複雑さが個人資産の格差に反映しているように思えます。いずれにせよ、日本社会の現状を振り返ると、中間層といわれる人びとの賃金の低さと政府に依存しない自身の資産形成（預貯金）で成り立っている社会であることは間違いなさそうです。さて、読者の皆さんの大半が選挙権を持っているはずですから、ぜひこの点も選挙の争点にして1票を投じてください。

【課題研究 3-2】（64 ページ）

アフリカには現在（2022 年）54 カ国が存在しています。欧米や日本は主権国家としては承認していませんが、アフリカ諸国や中南米諸国に承認されている、アフリカ大陸北西部に位置するサハラ・アラブ民主共和国を入れると 55 カ国になります。全国連加盟国 193 カ国の約 36%を占め、人口数では約 13 億人、面積では全世界の約 23%を占めています。それではなぜアフリカは貧しいのか。実は深刻な状況にあるのはサハラ砂漠以南の「サブサハラ・アフリカ」に属する国々です。理由は当然ながらいろいろとあるはずです。①ヨーロッパ列強の植民地支配が長く、1960 年に 17 カ国が独立を果たしました（「アフリカの年」と呼ばれます）。②政治的独立を果たしたものの、経済的裏付けが乏しかったし、③ヨーロッパ列強の植民地の版図（国境）を引き継ぐ独立であったことで、民族間の対立を引きずったこともその後の紛争が絶えない理由でした。④新興国家における教育、保健衛生などの社会サービスが不十分で、人材育成に資金が行き届きませんでした。⑤一部の国では過激集団（ソマリアのアル・シャバブやナイジェリアのボコ・ハラムなど）が国民統合や社会統合を阻害しています。また、世界共通の危機としての地球温暖化による自然災害にも直面しています。

さて、このようなアフリカの低開発の現状を踏まえ、日本では「アフリカ開発会議（Tokyo International Conference on African Development：TICAD）」を 1993 年から開催しています。日本政府の ODA 予算なども利用して、国連、UNDP、世界銀行、さらにはアフリカ連合委員会との共同でアフリカの開発を「人間の安全保障」の視点から支援しています。2022 年 8

月にチュニジアのチュニスでTICAD8（第8回）を開催し、TICAD9（第9回）は2025年に日本で開催予定です。「人間の安全保障」は日本の援助政策の基本ですが、第6章で学習しましょう。

【課題研究3-3】（67ページ）

東西問題は米ソのイデオロギー（自由主義・資本主義と社会主義・共産主義）の対立であったことはご存じの通りです。いわゆる西側陣営と東側陣営と言い換えてもよいでしょう。一方で南北問題は本節で述べた通りの先進工業国と開発（発展）途上国との関係を述べています。しかしながら、両問題は別々ではあってもクロスする問題でもありました。開発の視点からは様々な開発理論を前提に両陣営は援助をしますが、他方で自らの陣営に取り込むために多くの資金を投入しました。1970年当時の両国の1人当たりのGDPをみると、アメリカが5121ドルであったのに対してソ連は1788ドルでした。米ソ冷戦が終わったときには、ソ連のGDPはアメリカの10分1の水準にまで下がっていました。このような経済規模の格差があっても両国の軍拡競争は熾烈さを増していました。要するに、ソ連は明らかに軍備の開発拡大によって大きな財政負担を強いられ、かつ東側陣営への取り込みに際しての開発支援でも無理をしていたのです。ミハイル・ゴルバチョフ大統領が登場し、ペレストロイカ（刷新）政策を導入すると、それが共産党一党支配が崩壊する契機になります。

私は、ソ連のアフガニスタン侵攻（1979年12月）前の1976年にアフガニスタンをバックパッカーとして旅したことがありました。アフガニスタンの半分砂漠のようなところに川が流れ、ちょっとした緑の楽園があったことがとても新鮮な思い出として残っています。2008年に今度は国際NGOの選挙監視団の一員として紛争下のアフガニスタンを訪問しました。もちろん国際治安部隊やアフガニスタン兵士・警察で厳重に警備されていましたが、私が派遣された地域に向かう途中で放置されたソ連侵攻時代の要塞や戦車の残がいを見て、改めてソ連の無謀な侵攻を実感しました。ロシアのウクライナ侵攻も同様の結果になるのではないかと危惧しています。

【課題研究 3-4】（70 ページ）

世界銀行の GNI（GDP）の順位は実は本章の第 2 節で確認し、また【課題研究 3-1】でも考えてきました。それでは、なぜ UNDP の HDI では北欧やスイスなどの国々の順位が高く、アメリカ、中国、日本がベスト 10 カ国に入っていないのかです。ちなみに、HDI 上位の 3 カ国と GNI 上位 3 カ国の HDI 指数（2021 年）を確認してみましょう。次の表をみて一目瞭然なはずです。

HDI の各指数／（HDI 順位）	HDI	出生児平均余命	総就学数／平均就学年数	購買力平価に基づく 1 人当たりの GNI
アメリカ (21)	0.921	77.2	16.3/13.7	64,765
中国 (79)	0.768	78.2	14.2/7.6	17,504
日本 (19)	0.925	84.8	15.2/13.4	42,274
スイス	0.962	84.0	16.5/13.9	66,933
ノルウェー	0.961	83.2	18.2/13.0	64,660
アイスランド	0.959	82.7	19.2/13.8	55,782

出所：UNDP, *Human Development Report* 2021/2022, pp. 272-275.

この表をみると、中国の HDI の数値が低いことが目立ちます。2010 年に日本を抜き世界第 2 位の経済規模（GDP）になりましたが、国民 1 人ひとりの福祉においてはまだ「Very High Human Development（最高人間開発国）」ではなく、「High Human Development（高位人間開発国）」の領域に属しています。要するに、経済の規模と国民 1 人ひとりの豊さとは必ずしも一致していないことが理解できます。経済の有名な理論に「トリクルダウン」説がありますが、国（一部の大企業）の発展によって国民 1 人ひとりに豊さが行き渡る（滴り落ちる）にはそれ相当の時間がかかり、場合によっては下層社会までには必ずしも行き渡らない可能性もあるということを示しているのではないでしょうか。

【課題研究 3-5】（72 ページ）

外発型の開発は大規模な支援が可能です。大規模というと、例えば飛行場、港、道路、橋などのインフラ施設の支援が典型的です。確かに工業化を進め経済発展を促すには、インフラ施設が整っていることが重要です。ただ本節で述べたように、地域の事情を無視することで環境破壊を引き起こし、場合によっては公害につながることもあります。現在は開発にともなう環境保全の基準がかなり厳しくなっていますし、それを前提にインフラ開発支援が計画されます。日本の ODA 支援プロジェクトはほとんど JICA が担当しますが、JICA には「環境社会配慮ガイドライン」が設定されています（第 4 章を参照）。

その一方で、ボトムアップ的ないわゆる内発的な発展方式は、コミュニティレベルの開発から出発しています。まずはコミュニティの人間関係を重視します。よく開発にはソーシャル・キャピタル（「社会関係資本」と一般的に訳します）が必要であると言われます。したがって、規模は小さいけれどもコミュニティ内での意思疎通をもとに自発的で、かつ地域の生態系に応じた開発が可能になります。いわゆる「環境にやさしい」開発でしょうか。開発はどちらか一方というより、それぞれの利点を生かした開発のあり方が求められています。

【新しい研究課題の設定に向けて 3】（74 ページ）

第 1 章【課題研究 1-5】ですでに「恐怖と欠乏の自由」に関しては学習した通りです。ここでは世界人権宣言の英語名「Universal Declaration of Human Rights」に注目したいです。ガルトゥングは構造的暴力や文化的暴力がない状態を「積極的平和」と捉えました。その大前提は基本的人権の重要性です。ただその一方で、私たちの国際社会には実に多様な価値観が存在します。そこで、Universal（普遍的）な価値観とは何かをいつも問われています。新しい研究課題として次の3つを考えてみませんか。

①「暴力」は普遍的に許されませんが、世界には多様な価値観が存在します。例えば「西欧型民主主義」に対応する「◯◯型の民主主義」は存在すると思いますか。具体的に、中国は「中国型民主主義」の存在を訴えます。西欧と東洋（アジア）の共通する価値観と異なる価値観は存在するのでしょうか。

②「英語」は国際語としておそらく一番普遍化した言語です。しかしその一方で、それぞれの国には母国語が存在します。両者の関係をどのように考えますか。外発（旧宗主国）と内発（自国の多数派）の言語問題になるかもしれません。

③日本政府は「移民政策」は導入しないと主張しています。確かに異文化を持つ移民（場合によっては難民も）を受け入れると日本の社会統合に亀裂が入るかもしれません。要するに文化的背景の衝突です。しかし、超少子化時代を迎え、日本経済を支えるうえでも積極的な移民の受け入れは必要であるとの意見も多いです。日本は積極的に「移民」を受け入れるべきだと思いますか、それとも受け入れには反対ですか。

第4章

【課題研究 4-1】（81 ページ）

「持続可能な開発」とは、環境と資源を利用する権利を現在と将来の世代間で公平に分配する概念であることを理解しました。つまり、環境重視の先進工業国（現在）と開発重視の開発途上国（将来）の両者の権利の妥協の産物と言っては言い過ぎでしょうか。ところが当初の両者における環境と開発の「綱引き」は次第に行き詰まってきています。そのくらい環境が悪化してきているからです。南太平洋諸国では海面下に沈む国さえ現れています。したがって、両者のバランスを維持するには第3章で学習したように、先進国による積極的な途上国への支援が重要なのではないでしょうか。もちろん、途上国の開発を阻害するのではなく、先進国の経験を伝授することです。端的に言えば、公害を引き起こさない途上国にふさわしい技術支援（適正技術の移転）などです。援助の現場では、「南南協力」とか「三角協力」という支援形態があります。一口に開発途上国といっても発展段階が違いますので、例えば日本（先進国）が資金をインドネシア（新興国）に拠出し、インドネシアが東ティモール（途上国）に技術移転するという支援の方法です。電気が不十分な途上国に電動ミシンを送るよりも、すでに電動ミシンが導入された経験を持つ途上国から電気が不要な足踏みミシンを送る方が適切であるというような考え方です。かつて私もNGOの国際協力で実施した支援でした。

【課題研究 4-2】（83ページ）

順位	国名	2020年の排出量：億トン／割合（%）	2030年までの削減目標（何%か）	今世紀のいつ頃に CO_2 実質ゼロを目標か
1	中国	100.8／31.8	**GDP当たり65%以上（2005年比）**	2060年
2	アメリカ	42.6／13.4	**50～52%（2005年比）**	2050年
3	EU27カ国	23.9／7.6	**55%以上（1990年比）**	2050年
4	インド	20.8／6.6	**GDP当たり45%（2005年比）**	2070年
5	ロシア	15.5／4.9	**1990年排出量の70%（30%削減）**	2060年
6	日本	9.9／3.1	**46%（2013年比）**	2050年

出所：排出量／割合は国際エネルギー機関（IEA）に基づき環境省作成（ただし、EUを各国別でみた場合、日本は5位）、削減目標は外務省「気候変動：日本の排出削減目標」（2022年10月25日）。

【課題研究 4-3】（87 ページ）

本節で学習したように、自然災害による経済的損出は、このたびの新型コロナウイルス感染症の影響を踏まえても莫大であることは言うまでもありません。前節で取り上げたように、国際社会はカーボンニュートラル（CO_2 排出ゼロ）に向けていっそうの努力が求められます。地球温暖化に基づく自然災害はすでに IPCC の第 6 次報告書の中で「温暖化と人間活動の関係」は「疑う余地はない」と断言されています。その意味で、私たち国際社会が努力を怠ると「天災」ではなく「人災」に限りなく近づくといえます。大きな災害をもたらす地震ですら、予防や減災に取り組んでいなければ、「天災」ではなく限りなく「人災」との非を免れません。例えば、地震など自然災害の多い日本で 2015 年 3 月に、東日本大震災被災地の仙台で開催された第 3 回国連防災世界会議の会議成果「仙台防災枠組 2015-2030」（仙台宣言）を調べてみてください。いかに「天災」に向き合うのかを理解する一助になるはずです。

【課題研究 4-4】（90 ページ）

自然災害の多い日本ですが、2023 年 5 月 5 日にも能登半島の石川県珠洲市で震度 6 強の地震がありました。地震と地球温暖化との因果関係はわかりませんが、自然災害による人的被害や物的被害においては他の自然災害と共通点は多いと思います。地震に限らず大洪水による家屋の倒壊や浸水で居場所を失い、職場も被害を受けるかもしれません。復旧・復興が長引けば収入（賃金）にも影響を及ぼします。ライフライン（電気・ガス・水道など）も破壊され、さらには畑や水田も被害を受けることで、先の見通しも立たなくなります。もちろん、地場産業も打撃を受け、雇用が維持できなくなるかもしれません。このように連鎖的に「社会経済的な影響」の大きさが推測できます。第 4 節で利用した『自然災害データブック』を調べてみてください。災害が人間開発や所得レベルといった持続可能な開発にとっていかにマイナスの影響を与えるかが理解できるはずです。

【新しい研究課題の設定に向けて 4】（94 ページ）

私たちの身の回りには多くの公共財が存在しています。例えば、公園は典型的な公共財で、誰もが利用でき（非排除性）、誰が利用しても価値が変わらない（非競合性）場所です。いわゆる両方の機能が備わっている場合は純粋公共財と呼ばれます。ただその一方で、公共財にはフリーライダー（ただ乗り者）問題が生じます。公園はいつも清掃がなされているわけではありません。役所の環境課（市民の税金）によって、あるいは地域の自治会の会員によって定期的に清掃がなされます。清掃された公園の利用者は必ずしもいずれかの義務を果たしている人とは限りません。

このような公共財の議論を国際的（グローバル）レベルに拡大して考えることも可能です。国際連合は国際（地球）公共財の典型です。加盟 193 カ国は経済規模に応じて分担金を支払い、様々な国際的便宜を受けています。ここで、以下の 3 つのテーマで公共財の役割を考えてみてください。

①私たちは様々な組織で生活しています。通っている学校、地域、国家、アジア、世界……と広がっていきますが、それぞれに所属する組織の中で存在するフリーライダーとはどのような立場をとっている人びとでしょうか。

②よく「国内でも困っている人びとがいるのに、なぜ外国の人の支援を優先するの？」と言われます。この場合、優先順位があるのでしょうか。

③すでに地球公共財という言葉を使ってきましたが、改めてなぜ本書全体の主要なテーマとなっている「平和」「人権」「開発」「環境」が地球公共財に含まれるのかを議論してみてください。これらの財が保障されないと、誰が困るのかという問題です。

第5章

【課題研究 5-1】（101 ページ）

日本の地政学的（地理的にも政治的にも重要）な要因からもまずはアジア地域への ODA 供与額が大きいのは妥当でしょう。しかしその一方で、アジア太平洋戦争（第二次世界大戦）において日本軍が侵略した地域でもあり、多大な犠牲を同地域の人びとに強いたことも当然背景に考える必要があります。日本は戦後賠償でアジア地域との関係を深め、その後も経済協力を通じてアジアの国々の経済発展に寄与してきました。政府開発援助（ODA）大綱にも、「日本と緊密な関係を有し、日本の安全と繁栄に大きな影響を及ぼし得るアジアは重点地域である」と記載されており、今後は特に日本との経済連携の強化を視野に入れた ODA の活用をうたっています。なお、第 3 章第 3 節の【課題研究 3-2】で触れたのですが、日本の ODA 支援がアフリカ地域で増大しています。1993 年以降、日本主導でアフリカ開発会議（TICAD）が開催されています。「世界最後のフロンティア」と呼ばれるアフリカの開発は世界が注視しています。

【課題研究 5-2】（107 ページ）

アメリカの ODA 増額は 2001 年の同時多発テロを契機に、テロの温床の一因が貧困であるとの理由で途上国への援助を増大させたことに由来します。実際貧困地域におけるテロリスト集団の存在は無視できません。ただその一方で、日本の ODA 総額の減少はバブル経済崩壊後の景気後退と長期の不況が関わっていました。本来途上国への援助は自国の経済状況にかかわらず持続的に実施されることは、すでに第 3 章などで学習してきました。

経済協力開発機構（OECD）開発援助委員会（DAC）では 1970 年に ODA 総額を GNI（GDP）の 0.7%を目標にすることを掲げました。日本は2021年現在0.34%ですが、主要国首脳会議（G7）のメンバーで達成しているのはドイツの0.74%のみです。DACは経済規模に見合った援助を求めているわけです。GDP/GNIの総額が大きければ当然その額の規模も大きくなりますが、１人当たりの負担額を大きくするには当然ながら自国の様々な予算を削減することになり、国民の理解が求められます。援助に向けた各国政策の理念が強く求められるのです。ちなみに、ODAの対GNI/GDP比の上位3カ国（2021年）は、ルクセンブルク（0.99）、ノルウェー（0.93）、スウェーデン（0.92）で、これらの国々はUNDPの人間開発指数（HDI）の上位国であることと合致します。なお日本においても、2023年閣議決定の新しい開発協力大綱には「GNI比0.7%の国際的目標を念頭に置く」と掲げられています。

【課題研究5-3】（111ページ）

すでに触れましたが、西欧社会が第一に国家から勝ち得た人権が「自由権」でした。国家権力からの自由こそが基本的人権であるという考え方です。それに対して、シンガポールなどアジアの国では個々の人びとの人権よりも社会全体の福祉（社会サービス）の充実を第一の人権と考える社会権や生存権を重視します。まずは国家の役割として子どもたちの教育、雇用、住居の提供などに優先度を置きます。したがって、自由度が高いからといって「豊か」であるとは限りません。自由度が制約されていても逆に上述の権利に優先度を置く「豊かさ」を選ぶ人もいるでしょう。例えば、すでに学んだ「絶対的貧困」と「相対的貧困」の割合を踏まえて、Freedom Houseの指標を確認すると、「自由」と「豊かさ」が必ずしも合致していないことが読み取れるかもしれません。同様な民主主義の指標で知られるイギリスの『エコノミスト』誌の調査部門（Economist Intelligence Unit：EIU）が毎年発表しているDemocracy Index（https://economist.com）では異なった指標で民主主義ランキングを出しています。要するに、何を指標にするかで「豊かさ」の基準が異なります。

【課題研究 5-4】（114 ページ）

ジャパン・プラットフォーム（JPF）のウェブサイトをみると加盟団体数は 46 団体（2023 年 4 月 20 日現在）とあり、現在と過去のプログラム一覧が掲載されています。ぜひ図 5-3 をみて、皆さんの興味がある国際協力の分野や、知っている、聞いたことがある NGO を一覧から選択し、その NGO のウェブサイトなども参考にして国際協力の活動内容を調べてみてください。なお、現在 JPF は下記の図を掲載し、SDGs の理念「誰一人取り残さない」を踏まえて、NGO、政府、企業に加え個人の役割も重視して、自然災害の被災者や紛争による難民・国内避難民の支援活動を実施しています。

なお、政府は被災国の現地政府や大使館などから緊急人道支援派遣に関する派遣許可等の手続きや情報収集を行います。例えば航空会社は派遣団の人員や物資を現地周辺の空港まで無料で搭乗・運搬する、大型の援助物

出所：JPF ウェブサイト

資は海運会社が担当する、現地での通信機材は無料で通信会社が提供する、必要な物資は各企業から緊急支援として受け取るなど、経済界は資金援助の役割を果たし、各企業の専門性が発揮されます。それぞれの専門性を背景にして、日本のNGOの緊急人道支援の実行力を高め、あわせて日本の「顔の見える国際協力」を展開しています。

【新しい研究課題の設定に向けて 5】（117ページ）

「国際貢献」に似たような表現として「国際協力」、「経済協力」や「開発協力」などがあります。「○○協力」はODAを背景にした経済的な支援を指し、「国際貢献」には国連PKOなどの派遣が含まれるとの考え方もありますが、広い意味で「○○協力」も国際貢献に含まれるのではないでしょうか。さて、本章では特に政府開発援助（ODA）の歴史的経緯などに触れてきましたが、国際協力には二国間支援と多国間支援があることも学びました。確かに、二国間支援では開発援助資金は政府、あるいは開発援助機関としてのJICAなどが支援を行います。しかし、実際のプロジェクトではむしろJICAからの支援を通じてNGOや企業などが実施することが多いです。同様に、多国間支援もODAを原資に国際機関を通じてNGOや企業などが実際の業務を請け負っている場合がほとんどです。

途上国への援助はわかりやすい事例ですが、現在私たちが直面する問題には開発だけではなく、平和、環境、人権などに対して様々な脅威が存在しており、それらの問題を解決するうえで、国家間だけではなくNGOなど様々なアクター（行為体）の関与が求められます。すでに第4章の環境問題でも確認してきた通りです。その意味から、グローバルな諸問題解決には様々なアクターがガバナンス（統治）に関与することが求められています。それをグローバル・ガバナンスと呼びます。

しかし、他方で国際協調や国際協力を前提とするグローバル・ガバナンスの必要性とは相反するように、むしろ自国の利益を前提に政策をとるような動きも出てきています。「Make America Great Again（再び偉大なるアメリカをつくろう）」というフレーズを聞いたことがありますね。①ドナルド・トランプ氏が掲げ、大統領に当選したときのスローガンです。他国のことにアメリカの資源（国益）を費やすのではなく、アメリカ（人）のために資源を使おう！という「自国第一主義」の考え方です。ヨーロッパでは同時期にイギリスがEU（ヨーロッパ連合）から離脱しました。こちらも「Brexit（ブレグジット）」として話題になりました。

繰り返しになりますが、私たちの地球が抱える諸問題を国家だけでなく、様々なアクターの連携、協力で克服、解決するためにグローバル・ガバナンスが求められているにもかかわらず、実際は国際協調や国際協力よりも自国第一主義のもとに行動する国々が登場していることに危機感を覚える人も多いのではないでしょうか。例えば、②新型コロナウイルス感染症を国際社会全体で収束させるには何よりもすべての国や人びとにワクチンが行き届くことを最優先にしなければなりません。これこそが国際協調であり、国際協力の必要な典型的な事例です。

①トランプ大統領の政策が支持された背景を確認してみましょう。
②他にどのような事例があるでしょうか。考えてみましょう。

第6章

【課題研究 6-1】（126ページ）

テロの原因が多岐にわたるのは本節でも確認した通りです。とはいえ、特に3つの地域に多いのは、やはり貧困が深く関係していることは否定できません。第3章第3節の表3-1をみると絶対的貧困率の10位までがサブサハラのアフリカ諸国ですし、この地域に次いでインド、パキスタンやバングラデシュの南アジア地域、中東と南アジアにはさまれたアフガニスタンと、いずれも貧困率の高い諸国です。また、いうまでもなく中東地域ではパレスチナとイスラエルとの対立問題を筆頭に、特にイスラムにおけるシーア派とスンニ派による宗派対立も際立っています。2001年のアメリカによるアフガニスタンのタリバン攻撃、2003年のイラク攻撃後の影響も考える必要があります。

これらアメリカなどからの両国への攻撃、その余波ともいえる2011年初頭からの中東・北アフリカ地域で起きた一連の民主化運動による独裁政権等の政権交代で混乱が生じた結果、国際テロリスト集団のアルカイダやイスラム国の存在感が高まることにもなりました。両集団とも中東地域が発祥地です。さらに、ナイジェリアにおけるボコ・ハラム、ソマリアにおけるアル・シャバーブなどのイスラム過激派集団も貧困で苦しむ人びとを巻き込んで活動しています。もちろん、2021年8月のアフガニスタンにおけるタリバンの復権後の状況も踏まえてテロによる攻撃や犠牲者数は増える可能性が高いです。現代のテロは宗教（過激主義）と貧困を背景にしているようです。

【課題研究6-2】（129ページ）

まず、「技能実習制度」の背景を確認しましょう。皆さんは日本の人口傾向が「少子高齢化」を迎えていることはマスコミなどを通じて知っていますね。例えば、厚生労働省のウェブサイト「我が国の人口について」を開いてみると、2070年には総人口が9000万人を割り込み、高齢化率が39%の水準になると推計しています。新型コロナ感染症前の2019年のデータでは、日本の平均寿命は先進7カ国（G7）の中で最も長く、男性が82歳、女性が87歳でした。ただその一方で、2021年の出生率は1.30であり、「少子高齢化」が進んでいることがわかります。また、総務省の生産年齢人口（15歳から64歳）をみると1995年を頂点に減少し、2050年には5275万人となり2021年に比べると29.2%の減少が予測されています。生産年齢人口の減少は労働力の不足のみならず、国内の需要の減少を生み、確実に経済規模の縮小などを引き起こすことで、社会や経済の課題を深刻化することになります。

さて、前置きが長くなりましたが、技能実習制度に対する扱いが人身取引ではないかというアメリカ国務省の指摘についてです。本来技能実習制度は外国人が日本で学んだ技能を母国に持ち帰り、自国の発展に寄与することを目的とした「国際貢献」として考えられてきました。しかしながら実際は、上述したような日本の労働力人口の減少を補う役割が求められたのです。技能実習生の滞在期間は最長で５年、家族を連れてくることも、最初の仕事を変えることもできません。また母国の送り出し機関などに多額の借金をして来日する場合も多いのです。日本の受け入れ窓口機関（監理団体）も劣悪な労働環境を黙認する場合も多々あります。その結果、実習生はより高額な賃金を求め最初の職場を逃れる者も多く、不法滞在を余儀なくされ、仕事中の怪我や滞在中の病気などでも不法滞在の発覚を恐れ治療を受けることができなくなります。ここまで書くとアメリカ国務省が、日本の技能実習生は搾取され、まさに人身取引の対象になっていると判断する背景が想像できるはずです。

最後に、日本国内でも技能実習制度の批判が高まり、廃止されることになりました。従来の「人材育成」に加え、新たに「人材確保」を目的とする新制度の検討がなされています。要するに、実習生が日本の労働力人口の不足を補っていることを明確に認めることで、技能実習生に不利な条件の改善が検討されています。また、2019年に導入された「特定技能制度」もあります。「特定技能」の技能水準に応じて１号と２号があります。特に２号レベルになると、滞在期間の上限がなく、家族も一緒に滞在できる永住が選択できます。あわせてこの「特定技能制度」も調べてみてください。

【課題研究 6-3】（135 ページ）

本節で確認したようにILOでは、子どもの就労年齢は一般的に義務教育の修了年次の15歳を最低就労年齢と考えています。日本では義務教育の中学校修了年次でしょうか。さて、「児童労働」にはどのような危険がともなうのでしょうか。まず考えられるのは、仕事の危険度の判断力が弱いことです。高い場所のように目に見える危険な仕事がある一方で、化学薬品などが使用される仕事は目に見えない点で危険です。次に、高額な賃金に飛びつきます。特に途上国では少しでも家計を支えようと危険度の高い仕事をあえて選びます。表6-4の基準はある程度上述の基準を反映しているのでしょう。さらに、万一仕事が原因で事故にあったり病気になったりしても正確に権利を訴えることができなく、雇用者の責任はあいまいなままで、結局補償が期待できません。そして、低年齢層の就労者は基礎教育を受けるという国際社会で認められた基本的な人権を将来的に失ってしまうことです。まだまだいろいろあるはずですが、同年齢の皆さんで議論してみてください。

【課題研究 6-4】（137 ページ）

2023年4月の第20回統一地方選挙前半戦（41道府県議選）での女性当選者数は前回選挙2019年に比べ79人増で過去最高の316人になったとメディアで話題になりました。増加傾向にあるにせよ、全当選者数に占める割合は14.0%ですから、依然として低水準であることには変わりありません。政府は2020年に「第5次男女共同参画基本法」を閣議決定しており、2025年までに国政選挙および統一地方選挙の候補者に占める女性の割合を35%にする目標を掲げています。ちなみに、同日に行われた政令都市市議選で女性比率が最も高かったのは川崎市とさいたま市の26.7%、横浜市が25.6%、千葉市が22.0%、相模原市が21.7%で、これら5市で20%を超えたことが報告されています（東京新聞オンライン、2023年4月

11日）。

それでは諸外国ではどのように女性議員の数を増やしているのでしょうか。内閣府男女共同参画局の「諸外国における政治分野への女性の参画に関する調査研究報告書」をみると、イギリスとフランスの事例が詳しく紹介されています。報告書では両国の政党の有効な取り組みとして、党首の強いリーダーシップのもと「女性議員を増やすという『政治意志』を持つ」こと、政治の世界に足を踏み入れやすくする「候補者選定過程の透明化」に努力すること、政治家になるための資質やスキルを提示する「議員養成トレーニングの実施」を行うこと、最後に政党幹部や候補者選定者の男女バランスを意識して「党内組織に女性議員の声を反映しやすく」することを挙げています。

また、男女間格差の是正を目的にクオータ制（性別を基準に一定の人数や比率を割り当てる制度）を導入している国もあります。憲法・法律に基づく候補者クオータ制を導入しているのは53カ国、実際に議席の割り当てのためのクオータ制を実施しているのが24カ国、政党による自発的クオータ制を敷いているのが55カ国と報告されています。私が長年選挙監視を通じてガバナンス支援を行っている東ティモールでは、各候補者リストの4人グループごとに少なくとも1人は女性でなければなりません。今後どのように女性議員を増やしていくのか、日本の取り組みに注目していく必要があります。

【新しい研究課題の設定に向けて6】（140ページ）

さて、皆さんはどの問題にいちばん関心を抱きましたか。すでに様々な場所で17のロゴを見かけ、国際機関、政府、企業などのほか、皆さんの学校でも取り組んでいる目標があるのではないでしょうか。17の目標と、それぞれの目標達成に向けた169のターゲットがあることを知っていますか。本章で扱ったテロリスト問題の根源的理由の背景には「貧困をなくそう」という目標1が深く関連します。人身取引や児童労働の問題も貧困問題と関わっています。ジェンダーの問題については目標5で「ジェンダー平等を実現しよう」とうたっています。

さらに、性的少数者（LGBT）への理解増進の議論も進んでいます。児童労働には基礎教育保障との関連で目標4「質の高い教育をみんなに」が関連しています。本章では技能実習生制度の問題についても考えてもらいましたが、目標3「すべての人に健康と福祉を」、目標8「働きがいも経済成長も」、目標10「人や国の不平等をなくそう」などの目標と深く関わってきます。もちろん、最終的には目標16「平和と公正をすべての人に」理解してもらい、目標17「パートナーシップで目標を達成しよう」ということになります。これ以外の目標にも間接的に関わっており、これらを実現することが「人間の安全保障」につながることになります。改めて、17の目標と169のターゲットを確認してみましょう。

第7章

【課題研究7-1】（147ページ）

2023年5月19日から21日まで、日本で主要7カ国首脳会議（G7サミット）が被爆地広島で開催されました。多くの読者にとってもサミット参加者がどのような共同声明を出すのか、あるいは開催国の岸田文雄首相がどのような役割や指導力を発揮するのかに関心を抱いたことと思います。さて、G7サミット開催に先立ってG7保健担当大臣による会合が長崎市で開催され、将来予測される新たなパンデミックに備えて、ワクチンの低中所得国に向けた迅速で公平な分配の議論がされました。これはいうまでもなく世界的な新型コロナウイルス感染拡大を止められなかった国際社会、特にG7のリーダーシップの反省に基づいています。

改めて国際社会における豊かな国と特に低所得国における「ワクチン格

差」がパンデミックを長期にわたって引き起こした原因であることを確認したのです。豊かな国はワクチンや治療薬を開発する一方で、それらが途上国に分配されないと結果的にパンデミックに直面する教訓を得たのです。ただその一方で、先進国側では製薬会社を中心に知的財産権（知財）の保護も重視されています。国際NGO「ピープルズ・ワクチン連合」はG7サミットに向けて、知財の保護によって製薬会社が結局ワクチンを独占したことで途上国にワクチンが行き渡らなかったと指摘しています。

COVAXファシリティは1つの解決方法であることは間違いないでしょうが、世界的な規模でのワクチンの公平な分配を促す制度を作らなければ、パンデミックは止められないのも今回の教訓です。製薬業界の知財権と人類全体の「健康」という地球公共財のバランスをどのようにとるのか、G7サミットの重要な課題の1つでした。現在、WHOは2024年中をめどに「パンデミック条約」の採択を考えているようです。パンデミックに限らず感染症予防には知財保護の期限付き免除がどうしても必要です。日本を含めてG7諸国のリーダーシップに注目したいです。なお、G7広島サミットでは「G7広島首脳コミュニケ」の「保健」分野での合意と「感染症危機対応医薬品等（MCM）への公平なアクセスのためのG7広島ビジョン」を発出しています。外務省のウェブサイトで内容を確認してみてください。

【課題研究7-2】（151ページ）

実は【課題研究7-1】でも触れましたが、G7広島サミットでもUHC達成に向けた行動計画が合意されています。今回の新型コロナウイルス感染症に限らず、途上国の医療アクセスの問題は絶えず国際社会の喫緊の課題として、SDGs目標3に掲げられている通りです。その観点からJICAが取り組む3つの条件は途上国の人びとが適切な医療を受けるための重要な視点です。例えば、JICAが取り組む方法として国際NGOなどの連携があります。日本の医療系NGOが医療アクセスの悪い地域で医療活動を展開している事例も多々あります。また、国際NGOとして知られる国境なき医師団や世界の医療団も緊急医療支援を中心に活躍しています。このように、「健康」が地球公共財として捉えられていることで、第1と第2の問題を克服するうえで、国際社会からの医療アクセスの改善に向けた資金的支援が可能になります。

ただその一方で、途上国自身の医療アクセスの問題が第3番目です。途上国ではいまだ呪術師による医療行為なども存在しています。もちろん、地域に根ざした薬草などの効果は否定できませんし、漢方薬の有効性は私たちも知っています。問題は、呪術師などの社会的慣習が病人の近代的な診療の足かせになっている場合が多いことです。近代医療では治る病気も結局「悪霊に取り憑かれた」の類のお祓いで済まされる場合もあります。また衛生上の問題から病気が悪化することもあります。

このように、伝統的医療の負の側面を理解するような基礎教育支援も国際社会からの支援の一環として考える必要があります。保健医療に関する正しい認識と意識の向上は家族内においても、地域社会においても理解を広めることが求められています。そのために上述の第1と第2の問題との連携がともないます。ましてや、不正な利益を得られる存在、賄賂を当然視するような社会のあり方に歯止めをかけることが強く望まれています。

【課題研究 7-3】（154 ページ）

非識字であることで、様々な不利益が生じます。例えば、飢餓の状態で国際社会から様々な支援物資等が届くことになりますが、母国語で物資の中身や使い方が説明されていても、文字が読めない場合、さらに英語のような外国語表記であれば、完全にお手上げです。それどころか、薬等の支援物資であれば、説明書を読むことができず適切な使用方法がわからないと、命に関わることも多々あります。幼児に栄養をと思い、必要以上の粉ミルクの量を入れ、しかも汚水で溶かして与えることによって、結局幼児は下痢で脱水症状を起こして亡くなることはよく知られています。

また、文字がわからないことで、労働環境を事前に理解できていないままに、劣悪な労働条件を強いられ、また口約束とは異なる低賃金の契約を結んでいたことが後で発覚することもあります。悪徳業者にだまされ、第6章第3節で扱った人身売買や人身取引の対象になる場合もあります。子どもではいっそう悲劇的な状況に陥ることは想像に難くありません。児童労働の大半は子どもの「無知」に付け込んだ雇用者等の意図もあります。このように、「読み書き計算」という基礎教育が保障されなければBHNsどころか、「人間の安全保障」そのものを脅かすことになるのです。

最後に、世界の識字率向上に努める国際NGOのワールド・ビジョンでは、「読み書きができないと起こる問題」として、大きく3つ挙げていることを紹介しましょう。第1に「仕事を選ぶことができない」、第2に「公共サービスを正しく受けられない」、第3に「薬の説明や、注意書きを読むことができない」と指摘しています。上述の私の説明とも重なる部分がありますが、ぜひこれら3つの意味することを考えてみてください。

【課題研究 7-4】（159 ページ）

図7-3をみて、皆さんは日本の公教育費の支出の少なさに驚いたことでしょう。「少子高齢化」時代を迎え、高齢者福祉に対する政府の役割に関する議論は高まっているのに対して、教育や育児に関する議論がまだまだ少ないのはなぜなのでしょうか。OECDのアンドレアス・シュライヒャー局長は、日本の公的支出の低さに関して、日本では返還義務のある奨学金の利用者が多いことを踏まえ、「政府がローンを補償するには膨大なお金がかかるが、将来納税する人を育てるという意味で、大変良い投資だ」と給付型奨学金の重要性を指摘しています（読売新聞オンライン、2022年10月4日）。実際多くの家庭での教育費の負担は大きいにもかかわらず、各

家庭に自己負担を強いています。すでに第3章第3節で学習したように、特に日本社会における相対的貧困率もOECD諸国に比べて高く、教育費の負担は家庭に重くのしかかっています。

高校を卒業した人の2人に1人が大学に進学していますが、全体の半数近くが奨学金を借りています。よく若者から「奨学金返済地獄」という言葉を聞きます。もちろん人によって借入額は異なりますが、多くの若者が5年から15年程度をかけて返済をするようです。最近は給付型の奨学金も登場していますが、圧倒的に借入型に依拠しています。2020年から大学などを対象とした「高等教育の修学支援新制度」が始まりました。授業料等の減免制度と給付型奨学金を内容としていますが、もちろん一定の適用条件を満たした人が対象になります。いずれにしても、若い世代の皆さんが、選挙に行き、各政党の政策を比べて投票することが日本の公的支出等の増大につながっていくことになります。民主主義国家における政策決定への影響力を行使してください。

【新しい研究課題の設定に向けて7】(162ページ)

ESDの基本的な考え方(知識、価値観、行動等)は、環境、経済、社会の統合的な発展であることに鑑みて、図7-4では実に多様な分野との関係性を示しています。これらの分野を包摂するESDですから、①何よりも様々な主体(アクター)との連携が想定されていますし、連携がなければ実現に向けた前進は不可能であることも理解できます。その点からすべてのSDGsの目標ともつながっています。

さて皆さんには、まず身近な分野、関心のある分野からESDをつなげる議論をしてみることを勧めます。本書ではすでに第7章まで学習してきましたので、②各章で特に関心を抱いたテーマからESDの議論につなげてみてください。周りの人たちとのアプローチから様々な「知識・価値観・行動等」を学ぶことができるはずです。

①ESD実現に向けた各アクター間の連携を議論してみてください。

②多様なESDの分野を踏まえて、各自の知識・価値観・行動を確認してみてください。友人とどのように違うかを比較すると皆さん自身への大きな将来の示唆・方向性が得られるはずです。

第8章

【課題研究8-1】（170ページ）

アメリカの防衛費が巨額なのは、まずは世界最強の覇権国家（支配的地位）を維持するうえで、国防は最大の象徴だといえるからです。米ソ冷戦を制したことで手に入れた世界における「保安官」の立場は、確かに「自国第一主義」の政策で後退しました。しかしその一方で、中東地域からの撤退に代わって、現在では東アジア・東南アジアにおける中国の動きを封じるような軍事的存在感を高めています。

また、第1章第5節の【課題研究1-4】を思い出してください。世界における兵器製造および軍事関連企業の上位5社はすべてアメリカ企業でした。これら企業は他国に兵器を輸出するのと同時に、世界最強の国家である自国の防衛力に向けて生産しているわけです。これらのことからアメリカの防衛費は際立っているのです。

一方で、国内紛争を抱えている国の防衛費はそれほど高額ではない理由は、第1にそれら諸国の財政規模が限られているからです。ただそうは言っても、総額では支出に限度があっても、教育や福祉などにあてる財政規模の割合に比べると相対的に高いのです。例えば、本来は国民の福祉増大に利用すべき石油・天然ガスの収入が反政府軍対策に利用され、逆に反政府軍は山岳地帯の鉱物資源を利用して武器購入にあてることで内戦が激化している場合も見受けられます。これらの武器提供においては常任理事国等の武器製造会社が公式、非公式で武器ビジネスを展開しているのです

(第1章参照)。

最後に、日本の防衛費の増額は大きな議論を呼んでいます。ウクライナへのロシアの侵攻、それを踏まえた中国の「台湾有事」(中国の武力による台湾併合)など東アジアにおける安全保障問題を背景にした防衛費の増額です。日本では兵器装備品の製造は行われていますが、兵器製造そのものは認められていませんので、圧倒的にアメリカの兵器製造会社から輸入することになります。皆さんはよく日本の安全保障は「アメリカの核の傘」に依拠しているという表現を聞きますね。日本の防衛費の増額と安全保障のあり方は決して「核の傘」とは別の問題ではないのです。

ただ、皆さんには安全保障のすべてが軍事力によるものなのかを考えてほしいです。第6章「人間の安全保障」で学んだように、援助による国際協力を通じた信頼関係の構築、さらには外交力を背景にした多国間での会議など、様々な安全保障の手段があるはずです。実は皆さんの身近にたくさんの外国人が観光で、留学で日本に来ています。これらの社会文化的な側面も広い意味で安全保障を促す要因になります。安全保障とは何かをぜひ考えてみてください。

【課題研究 8-2】(173ページ)

表8-2をみて、きっと皆さんは世界の核弾頭保有数の格差に驚いているでしょう。ロシアが一番なのは、冷戦時代の旧ソ連以来の核保有数が反映されているためです。旧ソ連を事実上引き継いだロシアのプーチン大統領が核保有数を踏まえ、「大国ロシア」の復活を夢見ることは不思議ではないでしょう。また、核弾頭数をみて中国が急速に軍事大国を目指していることも理解できます。両国の大国への意識がNPT再検討会議における最終文書合意の採択に後ろ向きであることの背景にあります。

2023年5月の「核軍縮に関するG7首脳広島ビジョン」では「全ての者にとっての安全が損なわれない形での核兵器のない世界の実現に向けた

我々のコミットメントを再確認する」と述べられています。要するに、現在の厳しい安全保障環境のもとでは国民を守るうえで核兵器保有は是認されるが、その一方で「核兵器のない世界」という理想に現実を近づけていくことはNPT締約国の役割であると訴えています。岸田首相はサミット閉会後の記者会見で上述のことに触れ、夢想と理想は違う、「核兵器のない世界」という理想には手が届くのだと述べています。

本節で扱った核兵器禁止条約の実現に貢献した被爆者サーロー節子さんは、広島市に帰郷し各種報道機関のインタビューで、G7広島サミットは「失敗だったと思う」と述べています。印象的なのは「市民が政府と一緒に核軍縮を進める機運が生まれたのか」と投げかけています。日本原水爆被害者団体協議会（日本被団協）の木戸季市事務局長も、上述の広島ビジョンは核抑止を事実上肯定し、兵器廃絶の議論が不十分であった、むしろ「核の傘の下の戦争をあおるような会議だった」と批判しています。核兵器そのものを否定する国際NGOの立場からは当然の批判だったといえます。

【課題研究 8-3】（179 ページ）

皆さんはおそらく「平和首長会議」の存在は知らなかったと思います。実は私が勤務する大学では、毎年、秋葉忠利元広島市長が平和学研究所主催の講座で講演をしてくれていました。秋葉氏は衆議院議員を務めたことがあり、かつアメリカのマサチューセッツ工科大学で博士号を取得した数学者でもありました。その秋葉氏の講演から平和首長会議の意義を参加学生らとともに学びました。印象的な内容として、「爆撃による直接の被害を受けるのは一般の人々であり、犠牲者が日常生活を送る都市なのです。だからこそ、国基準による加害者や被害者とは別に、国境を超えた都市を基準に平和な社会の実現を目指さなければならない」と述べていました。その連帯を主導する役割を被爆都市の広島、長崎が担うという使命感に基づいているのです。この考え方からロシアの攻撃を受けているウクライナの現状を「ウクライナ」という国家ではなく、例えば最も惨状が伝えられているキーウ近郊の人口約4万人の「ブチャ市」からみると、戦争の悲惨さ、平和の必要性がより理解できるのではないでしょうか。なお、「平和首長会議」の詳細は次のウェブサイトで確認してください。

「平和首長会議」：https://www.mayorsforpeace.org

【課題研究 8-4】（183 ページ）

本章では平和のつくりかたとしてのリアリズム（現実主義）的方法とリベラリズム（自由主義）的方法を学びました。本節では特に経済的リベラリズムの現状について、まず表 8-3 を通じて、政治安全保障の対立とは別に経済的相互依存関係の深まりを確認しています。アメリカのバイデン大統領は中国に対して、「民主主義対専制主義の競争」と位置づけていますが、実際両国の輸出入における貿易関係をみると、両国は確実に相互依存関係にあります。また、今回のロシアへの経済制裁で、特にヨーロッパ諸国のエネルギー不足や小麦などの食料の高騰は、人びとの日常生活に多くの支障をきたしています。経済的グローバル化の時代からの逆戻りはもはや困難であることがわかります。

また、図 8-3 は ASEAN を中心に国際社会での多国間枠組みを示した図です。いかに国際社会では様々な目的を通じて、多国間での話し合いの場が設けられているかが理解できるはずです。もちろん、これらの多国間枠組みの中にはあまり機能をしていない組織もあるかもしれませんが、重要なのは、枠組みがあればすぐに協議を活発にすることが可能になることです。あるいは形式的な協議の場から具体的な協議の場へと移ることも可能になります。経済社会の枠組みが政治安全保障の枠組みを補完したり、結果的に連携の話し合いの場になったりすることも十分に考えられます。

最終的にはすべての国にとっての地球公共財としての「平和」に行きつ

き、それこそが核戦争の回避、G7広島サミットの掲げた「核のない世界」への道筋につながっていくはずです。現実政治を「核のない世界」という理想に近づけるには話し合いの場がやはり重要です。【課題研究8-2】で触れましたが、問題は「話し合いの場」あるいは様々な枠組みの場に国家（政府）以外の主体（アクター）の参加をいかに保障していくかではないでしょうか。

【新しい研究課題の設定に向けて 8】（185 ページ）

すでに本章で主に平和を実現するうえで考えられる 3 つの国際政治の考え方を学びました。改めて「平和のつくりかた」に関する議論を整理しましょう。

①現在 193 カ国の主権国家で国際連合は構成されています。国連では様々な問題について、それぞれ関連する国連の専門機関などで議論されています。国連は世界政府ではないですが、中小の国々にとっては世界の様々な問題を議論する重要な場です。平和の分野では常任理事国ロシアの拒否権で機能しなかった安全保障理事会に代わって、ロシアのウクライナ侵攻をめぐる「平和のための結集決議」に基づく国連総会で、国際平和と安全の回復に向けた勧告が決議されています。まずは、国連のような多国間組織の役割が重要ではないでしょうか。

また、図 8-4、表 8-4 は同じ国家間の枠組みでも地域の実情に合わせた形で作られた地域機構の取り組みを示したものです。おそらく、皆さんの中には世界の非核地帯の実態をみて驚いた人もいるでしょう。世界の 7 地域ですでに当該地域での核兵器の製造、実験、配備を禁止しているのです。また、②に述べる国際 NGO との連携が可能な多国間の枠組みがすでに存在しているのです。

②ただその一方で、国家（政府）を代表する政治指導者は当然ながら国家利益（国益）を最大限に求めます。本書でも「自国第一主義」という表

現を再三使っていますが、非常にわかりやすい国益中心主義の考え方です。そこで、国益を超えた「地球公共財」である平和、人権、開発、環境などを守っていくには、グローバル市民社会を代表するような国際 NGO の存在が必要になります。いわゆる「人類益」の代弁者になるからです。

③さて、いまや大きな役割を担っているのは個人の力です。インターネット社会は当然ながら、フェイスブック、X（旧ツイッター）、ブログなど企業が開発したソーシャル・ネットワーキング・サービス（SNS）を縦横に利用して、国内のみならず世界の様々な問題を理解し、自らの考え方を発信できるようになりました。考え方が共有できれば国境を超えた組織もつくれます。もちろん、「情報の真偽」は自ら確認する必要が求められます。判断を誤れば、自らの意思とは異なる方向に参加してしまうことさえあります。

以上、代表的な 3 つのアクターの役割を挙げてみました。本書執筆時点（2023 年 5 月）の国際社会は残念ながら国家間の戦争、国内や地域間の紛争、さらには感染症や自然災害の多発で、ますます不安定になっています。しかしながらその一方で、私たちの「平和のつくりかた」（平和創造）が問われています。皆さんの未来のためにもぜひ「今後の世界平和は誰がつくるのか」、そして「誰が主体的に動くのか」を議論してみてください。

おわりに代えて ── 有権者としての心構えはできていますか！

本書では様々な地球的課題を扱ってきました。各章で出された【課題研究】の解答作成にきっと頭を悩ませてきたのではないでしょうか。あるいは、友人との真剣な議論を通じて何か大きな考えるヒントをもらったかもしれません。

さて突然ですが、皆さんは「キンドルバーガーの罠《わな》」という言葉を聞いたことがありますか。むしろより知られているのが「トゥキディデスの罠」です。世界の歴史で登場する古代ギリシャ時代の歴史家トゥキディデスを覚えていますか。ヘロドトスはペルシャ戦争を物語風に描き、トゥキディデスはペロポネソス戦争をスパルタとアテネとの対立関係で批判的に考察しました。要するに、当時の覇権国家スパルタと新興勢力アテネによるペロポネソス戦争が古代ギリシャ全体を巻き込むことで結果的にはどちらの勢力にも大きな損害を与えたという話です。

トゥキディデスは『ペロポネソス戦史』の序文で、未来の国家指導者、軍人や市民が、戦争というものを理解し、先人と同じ過ちを繰り返さないようにと、「過去について正確な知識を得たい人々が、私の記す歴史を読み、未来を理解する助けになったと判断するなら──未来は過去と同じにはならないかもしれないが、人間が生み出すという意味では過去と似るはずだ──私は満足だ」と述べています（グレアム・アリソン『米中戦争前夜』47 ページ）。

なぜトゥキディデスの『ペロポネソス戦史』をここで取り上げたのかが理解できたのではないでしょうか。覇権国家スパルタをアメリカに、新興国家アテネを中国に読み替えることができるからです。すでに本書でも再三述べてきましたが、政治安全保障分野でも経済的分野でも中国の台頭は著しく、アメリカは大きな危機感を抱いています。そこでハーバード大学教授の歴史学者グレアム・アリソンは、『ペロポネソス戦史』を通じて「トゥキディデスの罠」という概念を提示し、歴史的な視点から米中戦争の危険性を警告したのです。

アリソン教授の邦訳書『米中戦争前夜――新旧大国を衝突させる歴史の法則と回避のシナリオ』（ダイヤモンド社、2017年。原題は *Destined for War: Can America and China Escape Thucydides's Trap?*）で、戦争を不可避な状態にさせるのは新興国が覇権国にとって代わるときで、今までの国際政治の枠組みに大きな構造的なストレスが生じて、予期せぬ大事件のみならず外交上の火種さえも大戦争への引き金要因になると述べています。覇権（世界における支配力）を争う両者が明確で客観的な軍事的優位を有していないにもかかわらず、どちらも致命的なほど自らのパワーを過信していたことが大戦争への道につながったというわけです。

アリソン教授は歴史家として過去500年間の戦争の類型を分析し、中国に対する戦略的オプション（選択肢）を見直すことで中国との戦争は回避できると本書で述べています。具体的には、アメリカにとっての重大な利益を明確にすること、中国の行動の意図を理解すること、戦略的思考（長期的な展望を持った戦術）を重視すること、国内の課題を中心に据えることの重要性を指摘しています。これらの視点を考えるうえでトゥキディデスの『ペロポネソス戦史』を読むことが戦争の回避を考える最高の出発点であると述べています。かつてスパルタとアテネがともに大損害を受けた経験を踏まえて、アメリカと中国がともに戦争を回避することで重大な国益を守ることができるのだと訴えています。

さて、「トゥキディデスの罠」は理解できたはずです。そこで最近聞く「キンドルバーガーの罠」を簡潔に説明します。国際金融や経済史の専門家キンドルバーガー教授が、1929年10月のニューヨークで始まった世界大恐慌はすでに国際金融危機に対応できなくなったイギリス（パックス・ブリタニカ、つまりイギリス主導の世界平和）の衰退や凋落に代替可能なアメリカがその能力を発揮する意思を示さなかったことによると述べています。要するに、覇権国の不在が世界大恐慌を引き起こし、結果的に第二次世界大戦への道を歩むことになったのだと指摘しています。そのことをキンドルバーガー教授の名をとって命名されたものです。

その一方で、リーマン・ショック後の2009年半ばには世界経済が想定以上の速さで回復したのは日本、アメリカ、ヨーロッパ諸国の中央銀行の早急な金融緩和政策の導入があったものの、他方で中国が大規模な財政投融資策を実施したことが大きな要因といわれています。世界経済が下降気味な状況下で中国の総需要刺激策は大きな役割を果たしたわけです。ここに「キンドルバーガーの罠」が回避されたのではないかと指摘されたのです。

「トゥキディデスの罠」は覇権国と新興（台頭）国が軍事安全保障で対抗すると戦争への道（罠にはまる）に進む一方で、「キンドルバーガーの罠」はむしろ覇権国と新興国とが協力関係を持つこと（罠の回避）で世界平和への道筋が開けることを主張しています。

現在「民主主義対専制主義の競争」の発言に代表される米中対峙に関する指導者間の挑発的な発言は枚挙にいとまがない状況です。しかしながら、バイデン大統領と習近平国家主席の会談では、安全保障、通商問題や人権問題での対立や相違点は、特に中国が強調する「核心的利益」に抵触する分野では存在しますが、その一方で地球規模的な課題に関する協力では共通の利益と認識を有しています。具体的には、新型コロナウイルスへの対応と世界の医療状況、気候変動、兵器の拡散防止などです。すでに第4章第3節では温室効果ガス削減に向けた米中を含む各国の取り組みを学習しました。

本書では平和、人権、開発、環境など地球公共財への国際社会の様々な

表　世界各国・地域の選挙権年齢（二院制採用国の下院、一院制採用国の議会）

選挙権年齢	選挙国年齢が判明した国（187カ国）
16歳：7カ国	アルゼンチン、エクアドル、オーストリア、キューバ、ニカラグア、ブラジル、マルタ
17歳：4カ国	インドネシア、北朝鮮、ギリシャ、東ティモール
18歳：166カ国	G7諸国、OECD諸国など主流
20歳：4カ国	カメルーン、台湾、ナウル、バーレーン
21歳：6カ国	オマーン、クウェート、サモア、シンガポール、トンガ、レバノン

出所：那須俊貴「主要国における被選挙権年齢」『国立国会図書館』（列国議会同盟のウェブサイトを利用）

取り組みを理解してきました。2022年度のノーベル平和賞の受賞者・団体には人権活動家や戦争犯罪を罰する多くの記録を収集している団体が選ばれました。本書の読者の多くの皆さんも18歳で選挙権を持つことになりました。以前は満20歳以上でしたが、2015年6月に公職選挙法等の一部が改正され、2016年6月に施行されました。実はすでにG7諸国では日本を除いて選挙権は「18歳以上」でした（表を参照）。

もちろん皆さん一人による投票で日本社会や国際社会が抱える諸問題を即解決することは困難です。しかしながら、「皆さん」という集団になれば、様々な諸問題解決に向けた大きな一歩となるはずです。自由民主主義の基本として一人ひとりの考え方は当然異なりますが、その一方で私たちの日常生活を守る安心・安全な社会の実現は人類共通の願いであり、普遍的な価値としての基本的人権になります。様々な知識の蓄積は当然必要ですが、同時に諸問題解決に向けた考える力・分析力を磨くことが大切です。情報過多の世界で何よりも平和な社会を実現するには何が必要か。ぜひ本書の各章を通じて、【課題研究】への解答作成における思考作法を身につけることを願っています。

読書案内

本書は課題解決及び探求学習のための書籍です。何よりも自らの解答を作成する「解答作成のための思考作法」を目指しています。ただ、そうはいっても基本的な知識を得るための参考図書は必要でしょう。そこで思考作法に役立つであろう、必要最低限の書籍類をあげておきます。なお、各章で扱っている報告書（URL）などは各自で調べてください。

全体を通して本書に役立つ基本図書

NPO 法人「人間の安全保障」フォーラム編、高須幸雄編著『全国データ SDGs と日本――誰も取り残されないための人間の安全保障指標』明石書店、2019 年。

篠原一『市民の政治学――討議デモクラシーとは何か』岩波新書、2004 年。

南博・稲場雅紀『SDGs――危機の時代の羅針盤』岩波新書、2020 年。

山田高敬・大矢根聡編『グローバル社会の国際関係論（新版）』有斐閣、2011 年。

山田満『平和構築のトリロジー――民主化・発展・平和を再考する』明石書店、2021 年。

山田満・堀江正伸編著『新しい国際協力論――グローバル・イシューに立ち向かう（第 3 版）』明石書店、2023 年。

紛争・平和

上杉勇司・藤重博美編著『国際平和協力入門――国際社会への貢献と日本の課題』ミネルヴァ書房、2018 年。

J=F・ゲイロー／D・セナ（私市正年訳）『テロリズム――歴史・類型・対策法』白水社（文庫クセジュ）、2008 年。

多賀秀敏『平和学入門 1 ――平和を理解するための思考のドリル』勁草書房、2020 年。

多賀秀敏『平和学入門 2 ――戦争を理解するための思考のドリル』勁草書房、2020 年。

永井陽右『僕らはソマリアギャングと夢を語る――「テロリストではない未来」をつくる挑戦』英治出版、2016 年。

永井陽右『紛争地で「働く」私の生き方』小学館、2023年。
広島市立大学 広島平和研究所編『アジアの平和と核―国際関係の中の核開発とガバナンス』共同通信社、2019年。

開発・貧困

アマルティア・セン（東郷えりか訳）『人間の安全保障』集英社新書、2006年。
風間秀彦・吉田弘樹・髙橋敦・小西伸幸『苦難を乗り越えて、国づくり・人づくり――東ティモール大学工学部の挑戦』佐伯コミュニケーションズ、2023年。
黒田一雄・横関祐見子編『国際教育開発論――理論と実践』有斐閣、2005年。
子どもの貧困アクショングループ編（松本伊智朗監訳、松本淳訳）『イギリスの政策と議論に学ぶ子どもの貧困とライフチャンス』かもがわ出版、2021年。
西村幹子・小野道子・井上儀子『SDGs時代の国際協力――アジアで共に学校をつくる』岩波ジュニア新書、2021年。

人権・ジェンダー

アムネスティ・インターナショナル日本編『児童労働――働かされる子どもたち（世界の子どもたちは今）』リブリオ出版、2008年。
アムネスティ・インターナショナル日本編『子どもの人身売買――売られる子どもたち（世界の子どもたちは今）』リブリオ出版、2008年。
内海成治・桑名恵・大西健丞編『緊急人道支援の世紀――紛争・災害・危機への新たな対応』ナカニシヤ出版、2022年。
加藤秀一『はじめてのジェンダー論』有斐閣、2017年。
滝澤三郎編著『世界の難民をたすける30の方法』合同出版、2018年。
滝澤三郎・山田満編著『難民を知るための基礎知識――政治と人権の葛藤を越えて』明石書店、2017年。
デニ・ムクウェゲ（加藤かおり訳）『すべては救済のために――デニ・ムクウェゲ自伝』あすなろ書房、2019年。

環境・感染症

北川秀樹・増田啓子『新版 はじめての環境学』法律文化社、2018年。
日下部尚徳・本多倫彬・小林周・髙橋亜友子編著『アジアからみるコロナと世界――我々は分断されたのか』毎日新聞出版、2022年。

黒木登志夫『新型コロナの科学――パンデミック、そして共生の未来へ』中公新書、2020年。

斎藤幸平『人新世の「資本論」』集英社新書、2020年。

D・H・メドウズ、D・L・メドウズ、J・ラーンダズ、W・W・ベアランズ三世（大来佐武郎監訳）『成長の限界――ローマ・クラブ「人類の危機」レポート』ダイヤモンド社、1972年。

ドネラ・H・メドウズ、デニス・L・メドウズ、ヨルゲン・ランダース（枝廣淳子訳）『成長の限界――人類の選択』ダイヤモンド社、2005年。

肱岡靖明『気候変動への「適応」を考える――不確実な未来への備え』丸善出版、2021年。

報告書・事典など

浅田正彦編集代表『ベーシック条約集2023』東信堂、2023年。

『世界開発報告』（各年度版）一灯舎（世界銀行ウェブサイトの英語版［World Development Report］も利用）。

『世界国勢図会』（各年度版）公益財団法人矢野恒太記念会編集・発行。

『人間開発報告書』（各年度版）国際協力出版会（UNDPウェブサイトの英語版［Human Development Report］も利用）。

広島市立大学広島平和研究所編『平和と安全保障を考える事典』法律文化社、2016年。

あとがき

本書の校正中である2023年11月現在、イスラエルとパレスチナ自治区ガザ地区を実効支配するイスラム組織ハマスとの戦闘が毎日メディアで取り上げられています。本書第1章で戦争犯罪の事例で言及したロシアのウクライナ侵攻もいまだ解決をみていません。本書の主題は「平和をいかにつくるのか」を皆さんとともに考えることです。しかしながら依然として、ロシアとウクライナの戦争でも、イスラエルのパレスチナ・ガザ地区への激しい攻撃でも、民間人の犠牲者が増え続けています。

いま最も悲劇的な場面は言うまでもなく、イスラエルによるガザ地区への攻撃で明らかなように、罪のない多くの無辜《むこ》の人びとが被害にあっている様子です。すでに何千人もの子どもたちを死に追いやり、幼い子どもの遺体が白い布に巻かれ埋葬されている場面をみると、皆さんも心の底から戦争や紛争への怒りを感じていることと思います。

イスラエル建国の歴史とパレスチナ人の土地が収奪されていく歴史は、かつての植民地宗主国のイギリスや、現在に至るアメリカの国益、さらにはアラブ世界の複雑な関係など、まさに世界全体を巻き込む国際関係を考えなくてはなりません。とは言うものの、これらの国際関係に翻弄され、罪のない民間人、無辜の人びとを死に追いやる行為は断じて正当化することはできません。本書を通じて皆さんと考えてきた普遍的な価値である基本的人権は、政治体制を超えて絶対に守らなくてはなりません。

これら戦争や紛争を含む諸課題解決のために自ら考え、仲間とともに議論してきた皆さんはいま一度、この「あとがき」を踏まえて、「平和をいかにつくるのか」を考え、熱い議論をしてみてください。そして、平和な未来をつくるために、それぞれの役割を考えてみてください。

本書執筆のきっかけは、玉川大学出版部の矢澤伊作氏との再会でした。矢澤氏は私の前職の埼玉大学大学院での教え子です。また、私も高校教員時代を含め教師生活が40年の節目を迎えます。この機会にぜひ高校生や大学生に私なりの問題提起をしたいと思い、学術書とは異なる本書の執筆を引き受けることになりました。イラストを描いてくださった水野麦茶氏をはじめ、玉川大学出版部にこのような機会をいただいたことに、御礼を申し上げます。また、本書が少しでも読みやすい文章になったのは、編集を担当していただいた兼子千亜紀氏のお蔭です。併せて御礼を申し上げます。

著　者

◉著者紹介

山田　満（やまだ・みつる）

北海道生まれ。大学時代にバックパッカーを経験し、米国オハイオ大学大学院東南アジア研究科を修了。その後、定時制高校教諭時代に東京都立大学大学院博士課程に在籍。10年間の高校教員を経て、1995年から大学教員になる。独立直後の東ティモール国立大学客員研究員、台湾国立政治大学客員教授、現在はベトナム国家大学ハノイ校日越大学日本学プログラム共同学科長を兼務。社会活動として、開発や平和構築系の国際NGO代表、国連UNHCR協会理事、JICA専門家、外務省ODA評価主任や、アジアの紛争後国家の国際選挙監視員にも多数参加。現在、日本東ティモール協会副会長を務め、東ティモールの国家建設を支援。2024年2月より緊急人道支援学会長。2009年4月より早稲田大学社会科学総合学術院教授。神戸大学博士（政治学）。

専門は、国際関係論、国際協力、平和構築、東南アジア政治。

主要著書として、『平和構築のトリロジー──民主化・発展・平和を再考する』（明石書店、2022年）、『新しい国際協力論──グローバル・イシューに立ち向かう（第3版）』（共編著、明石書店、2023年）、その他多数。

◉本文イラスト

水野麦茶（みずの・むぎちゃ）

国際協力入門

平和な世界のつくりかた

2024年2月28日　初版第1刷発行

著　者──山田　満

発行者──小原芳明

発行所──玉川大学出版部

〒194-8610 東京都町田市玉川学園6-1-1

TEL 042-739-8935　FAX 042-739-8940

www.tamagawa-up.jp

振替 00180-7-26665

装　丁──しまうまデザイン

印刷・製本─モリモト印刷株式会社

乱丁・落丁本はお取り替えいたします。

ISBN 978-4-472-40636-2　C0036